知的生きかた文庫

心配事の９割は起こらない

枡野俊明

三笠書房

はじめに

余計な不安や悩みを抱えないように、
他人の価値観に振り回されないように、
無駄なものをそぎ落として、
限りなくシンプルに生きる。

それが、この本で私がいいたいことです。

禅僧という立場だからでしょうか、私は、たくさんの人からさまざまな相談を受けます。内容は千差万別ですが、それでも大別すれば、不安や悩み、迷い……といったものです。

そんな話にじっくり耳を傾けてみると、気がつくことがあります。それは、そのほとんどが、実は「妄想」や「思い込み」、「勘違い」や「取り越し苦労」にすぎない、ということです。「実体がない」といってもいいでしょう。

「あなたは当事者じゃないからそんなことがいえるんだ!」

「食事も喉を通らないほど悩むことが現実にあるのよ!」

そう、お叱りを受けるかもしれませんね。

しかし、「幽霊の正体見たり枯れ尾花」というではないですか。これは、幽霊と恐れていたものが、なんのことはない、ただの枯れたススキだった、ということですが、心にわだかまったり、心を落ち込ませたりしているものも、実はそれと同じ。客観的に見れば、「なんでもないこと」に振り回されてしまっていることが多い、というのも、やっぱり本当のことなのです。

本書に『心配事の9割は起こらない』というタイトルをつけたのは、みなさんにそのことを知ってほしいからです。


あなたには、こんな経験がないでしょうか。なにか不安や悩みがあって、心がどんより重たかったのに、ふとした言葉や行動がきっかけとなって、「なんだ、たいしたことないじゃないか」と、嘘みたいに心が軽くなった——。

「禅の教え」は、そんなきっかけの宝庫です。

「禅」というと、みなさんは、どんなイメージをお持ちでしょうか。深遠で高邁《こうまい》なもの、つまりは、むずかしい世界だという印象を持っているかもしれませんね。実際、とらえどころのないような会話を「禅問答のようだ」といったりもします。しかし、それは大いなる誤解です。

禅の教えは、とても身近なところにあります。

日々の暮らしとしっかり結びついています。

たとえば、部屋に上がるときに脱いだ靴をきちんとそろえる——。こんなことも禅の教えの日常的な実践なのです。禅語の「脚下照顧《きゃっかしょうこ》」は、まさしくそのことをいっています。

また、「喫茶喫飯《きっさきっぱん》」という禅語は、余計なことを考えず、お茶をいただくときにはお茶を飲むことだけに集中して、ご飯をいただくときにはご飯を食べることに集中しなさい、という教えです。

一見、「あたりまえ」のことですが、その「あたりまえ」のことを大切に、丁寧に実践することで、「いま」「ここ」だけに集中する。そうすることで、余計な不安や悩みを抱えないように、心が整っていくのです。

さあ、心配事の〝先取り〟などせず、「いま」「ここ」だけに集中しましょう。ポイントは、減らす、手放す、忘れる——。そうすることで、もっとラクに、のびのびと、前向きに生きている自分に出会うことができるでしょう。

合　掌

枡野俊明

もくじ

1章　さっさと減らそう、手放そう、忘れよう
禅的、不安と悩みの遠ざけ方

2章

「いま」できることだけに集中する

すると、「余計なこと」は考えなくなる

3章

「競争」から一歩離れると、うまくいく

人は人、私は私、という考え方

4章

人間関係が驚くほどラクになるヒント

いい縁の結び方、悪い縁の切り方

5章

「悩み方」を変えると、人生は好転する

お金、老い、病気、死……について

編集協力◎吉村　貴／岩下賢作
本文DTP◎株式会社 Sun Fuerza

1章

さっさと減らそう、手放そう、忘れよう

禅的、不安と悩みの遠ざけ方

〝妄想〟しない

禅が教える、「比べない生き方」

「莫妄想《まくもうぞう》」という禅語があります。

その意味は、「妄想することなかれ」ということ。

妄想というと、みなさんは、ありもしないことをあれこれ想像することだと思っているかもしれません。

しかし、禅でいう妄想は、もっともっと広く深い意味を含んでいます。

心を縛るもの、心に棲みついて離れないものは、すべて「妄想」です。

「あれが欲しい」という我欲も、「これを手放したくない」という執着も妄想です。

他人がうらやましいという気持ちも、自分はダメだという思いも、実はすべて妄想なのです。

もちろん、心をとらえるあらゆる妄想を断ち切って、いっさいの妄想と無縁で生きる、なんていうことはできません。それは仏様の境地。人間である限り、心のどこかに妄想があって致し方なし、なのです。

ですから、**大切なのは、「妄想」をできるだけ減らしていくということ。**これは、誰にでもできることなのです。そのために必要なのが、妄想の「正体」を見きわめることではないでしょうか。

孫子に、「敵を知り、己を知れば、百戦危うからず」という有名な言葉がありますが、まず、敵を知らなければ、それとどう向き合ったらいいのか、その手立ても見えてきません。

妄想を生み出しているもっとも根源にあるものはなにか。

それは、**ものごとを「対立的」にとらえる考え方**です。

たとえば、「生・死」「勝・負」「美・醜」「貧・富」「損・得」「好き・嫌い」といった分別をしてしまうことです。

「生」に対立するものとして「死」を考え、両者を比較して生は尊くて、死は儚《はかな》いなどという受け止め方をしてしまうわけです。

「あいつはいいな。自分はなんて運が悪いんだ」

「なぜ、自分は損ばっかりしているのに、彼女はいつも得をしているのだろう」

一事が万事です。なにかにつけて、他人をうらやむ気持ちや自分を嘆く思いが、ムクムクと頭をもたげてきて、そのことに心がとらわれてしまうのです。

まさしく、まわりに振り回されている姿、妄想にがんじがらめにされている姿といっていいでしょう。

しかし、考えてみてください。

「比較」することに、なにか意味があるでしょうか。

「悟《さと》れば好悪《こうお》無《な》し」という禅語があります。

人間関係に引き寄せてその意味をいえば、他の人がどうであろうと、あるがままを認めたら、好きとか嫌いとか（自分に比べて相手が上とか下とか……）といった感情に流されることはない、ということでしょう。

日本における曹洞宗の開祖・道元禅師も、**「他《た》は是《こ》れ吾《われ》にあらず」**といっています。

他人のしたことは、自分のしたことにはならない、と教えています。他人が努力したことで、自分が向上することはありません。向上するためには自分が努力するしかないのです。

禅ではどんなものも、どんな人も、他とは比べようがない「絶対」の存在とします。

あなたもそうですし、他人もそうです。

「比べようがない」のです。比べようがないものを比べようとするから、余計なことや無駄なものがまとわりついてしまい、不安や悩み、心配事が増えるのです。

比較することをやめたら、そう、妄想の九割は消えてなくなります。心はずっと軽くなります。生きるのがずっとラクになります。

「莫妄想」――この言葉を折に触れて思い出してください。この教えは、「比較なんかしないで、絶対の自分を信じて生きよ！」という、あなたへのエールです。

「いま」に集中する

「自分を大切にする」とは、こういうこと

過去の出来事を思い出してはクヨクヨしたり、落ち込んだりする人がいます。

過去に縛られている、といっていいでしょう。

禅には、「**一息**《いっそく》**に生きる**」という言葉があります。

文字どおり、ひと呼吸するその瞬間、瞬間を一生懸命に、丁寧に生きなさい、ということです。

やはり、仏教でいう「**三世**《さんぜ》**に生きる**」も同じ意味ですね。

三世というのは「過去」「現在」「未来」のこと。人はその三世のつながりの中で生

きていますが、現在を生きているとき過去はすでに死に、その現在もたちまち過去となって未来に生まれ、それが現在となるのです。

このような、生まれては死に、死んでは生まれる、という「生死」の繰り返しが生きるということだと、この言葉は教えています。

言葉を換えていえば、死んだ過去のことを思い返してみてもしかたがないし、まだ来ない未来のことはそこに生まれてから考えるしかない、ということでしょう。

つまり、**私たちには「いま」をどう生きるかしかない**のです。

ところが、「過去への思いやみがたく、未来を慮《おもんぱか》ることしばしば」というのが人間ですから困ったことになるのです。

こんな川柳があります。

「欠け椀も　もとは吉野の　桜なり」

いまでこそ、このようなみすぼらしい欠けた椀の姿に身をやつしているが、もとをただせば吉野の山にみごとに咲き誇り、大勢の人たちに「おぉ、なんと美しい！」と感嘆の声を上げさせた堂々たる一本桜だったのだ、というわけです。

これは、過去の栄光、栄誉が現在を生きる「よりどころ」になっている姿です。この「吉野桜」ばかりではありません。なにかにつけて輝かしい過去を持ち出す人は、決して少なくないような気がするのです。

「私はこんな大きな仕事をしたんだ」

「あのプロジェクトを成功させたのは私なんだ」

もちろん、結果を出したそのときに心から喜ぶのは大事なことです。勝利の美酒に酔うのもいいでしょう。

しかし、いつまでもそれを引きずるのはいかがなものでしょうか。ちょっと周囲に目を転じてみてください。

「また、あの人の〝おはこ〟が始まっちゃったよ。うんざりするね」

そんな声が聞こえてきませんか?

何度も繰り返される過去の栄光物語の長広舌《ちょうこうぜつ》は、はっきりいって聞き苦しいものです。語っている姿だって見苦しいものと映るのではないでしょうか。周囲の反応は措《お》いたとしても、自分自身がみじめにならないか? と思うのです。

過去にいつまでもこだわっていることは、そのまま、いまの生き方に対する自信のなさを表明していることです。そこに不安や悩み、心配事が心に入り込む隙が生まれます。

もっといえば、現在の自分を蔑《ないがし》ろにしていることにも等しい、とはいえないでしょうか。

私たちには「いま」をどう生きるかしかない、ということをあらためてしっかり胸に刻んでください。

「いまはもう、所詮、欠け椀（閑職……）の身だからなぁ」と嘆いたら、みじめさが増幅されるだけです。欠け椀だって、人の気持ちまであたたかくしてくれる旨い味噌汁の器になることができるのです。

「よし、欠け椀としていまを存分に生きてやる！」

一息に生きるとはそういうことだ、と私は思います。

引きずらない、抱え込まない

◐「心を整える場所」を生活空間につくる

あなたには、「心のよりどころ」がありますか？

かつての日本では、ほとんどの家庭に仏壇（あるいは神棚）が置かれていました。

家族それぞれがその前に座って、線香をあげ（神棚にはあげません）、手を合わせる光景があたりまえのように、毎日、繰り返されていたのです。

子どもたちも、両親や祖父母が合掌（礼拝《らいはい》）する姿を見て、見よう見まねでその所作を身につけ、同時にご先祖様に対する尊崇の気持ちを育てていったわけです。

それは日本のよき伝統、美しい慣習だった、といっていいでしょう。

かつては、分家するときに、必ず新しい家には仏壇を置き、ご先祖様をまずはお招きしたのです。ですからどの家にも仏壇があり、各家の日常生活の中にご先祖様がありました。

翻《ひるがえ》っていま、家に仏壇があるという家庭はどのくらいあるでしょうか。都会で暮らす人たちに限っていえば、きわめて少数だといっていいと思います。そこには住宅事情ということもありますが、もっと大きな理由があります。

都会暮らしの人々の多くは、戦後、若いうちに郷里から出てきて都会に住みついた人たちが圧倒的に多い、ということです。これらの人々の意識は、ご先祖様は郷里の実家（本家）が守ってくれているから、私たちには仏様がいない、という意識があります。

また、親などからご先祖様に対する考え方を十分に教わらないうちに上京してしまったということもあって、仏壇のない暮らしがあたりまえになっています。よき伝統はしだいに失われつつあります。

そのことが現代人の「閉塞感」とどこかでかかわっている。私にはそんな気がしてなりません。

「ご先祖様に手を合わせる」という行為は、単なる儀礼的なセレモニーではありません。それは、代々受け継いでくれたことによって、いま自分がいただいている命に対する感謝、生かされていることへの感謝をご先祖様に伝えることでもあったのです。ご先祖様がいない人など、この世に一人もいないのです。

一日が始まる朝、

「こうして元気に新しい日を迎えることができました。ありがとうございます」

と手を合わせる。一日の終わりには、合掌しながら、

「今日一日を無事に過ごすことができました。ありがとうございます」

という思いを伝えたのです。

また、ご先祖様とお話をすることもあったでしょう。

日々の生活をするうえで、私たちは、さまざまな経験をします。なかには仕事の失敗や人間関係のもつれなど、心にわだかまったり、気持ちを落ち込ませたりする経験もあるはずです。

それらについて率直にご先祖様にお話しする。**ご先祖様の前では不思議と「素」の自分になれる**のです。

もちろん、ご先祖様から答えが返ってくるわけではありませんが、**思いの丈《たけ》をぶつけることで、心は穏やかに、安らかになってくる。閉塞感を打ち破り、気持ちが前向きになる**のです。

ご先祖様の前で過ごすそんな時間は、「心を整える」ためのものでもあった、といえるかもしれません。合掌することがなくなったということは、まさに、心を整える機会をひとつ失ったということなのです。

もちろん、新たに仏壇を設《しつら》えることはそうたやすくできることではないでしょう。

しかし、なにも仏壇にこだわることはありません。

ご先祖様の写真やゆかりのお寺や神社のお札でもいいのです。部屋のどこかにそれを置いて合掌する場所にする。心が重たくなったら、閉塞感を感じたら、その前で静かに手を合わせ、溜まっている思いの丈を吐き出す。そうすることで、必ず心が前向きに整ってくるのを感じるはずです。

生活空間に、ほんのわずかなスペースでもいいですから、そんな場所があると、心の在り様は一変します。いつまでもつらい思いを引きずったり、悩みを抱えたままでいたりする、ということがなくなるのです。

「心のよりどころ」とはそういう場所をいうのです。ぜひ、つくってみてください。

持ち物を減らす

◐すると、心も身体も軽くなる

一度手に入れた物はなかなか手放せない……。程度の差はあっても、みなさん、誰もが持っている感覚でしょう。実は、そのことが悩みのタネにもなっています。

よくこんな声を聞きます。

「部屋が手狭になってしまって……。物っていつのまにか増えるよね」

引っ越した当初は、すっきり片づいていて、快適に暮らすためのスペースも十分にあったはずの部屋が、いつのまにか物で溢れ返って、快適とはほど遠い空間になってしまった……。

気分も滅入ります。「ゴミ屋敷」の住人は論外ですが、少なからず誰もが経験していることだと思います。

原因は明々白々です。

「手放せない」「捨てられない」からです。

禅に**「喜捨《きしゃ》」**という言葉があります。

「惜しむことなく喜んで捨てる」ということですが、お寺や神社でお賽銭を投げることを、こう表現するのです。

大切なお金を、なぜ、喜んで捨てられるのか？

それは、**「ひとつ捨てることは、執着からひとつ離れること」**だからです。

執着は心を曇らせる最たるものですから、捨てることは喜ぶべき行為なのです。

物についても同じです。

周囲にある物をざっと見渡してみてください。クローゼットやタンスに入れっぱなしで、何年もソデを通していない洋服が見つかりませんか？　一度か二度使ったきりで、それ以降、ずっとスペースを占領し続けているバッグや、あるいはさまざまな小物などがありませんか？

「いつか着る（使う）ことがあるかもしれないから……」

それらが〝居すわっている〟ことを正当化する弁明の代表格がこれ。しかし、たとえば、三年間、見向きもしなかった洋服をもう一度着る機会がその先に訪れると思いますか？　五年間、使うことがなかったバッグをふたたび手にすることがあるでしょうか？　答えは例外なく、「ノー」だと思うのです。

そうであったら、気持ちを吹っきり、思いきって捨てることです。ただし、「もったいない精神」とのせめぎ合いがあるかもしれませんね。

物を大切にすること、（あっさり捨てるのが）もったいないと思うことは正しい。要は捨て方の問題でしょう。

友人、知人に着てくれる（使ってくれる）人がいたら、譲ればいいし、物資が不足している地域に洋服などを送るボランティア団体に託すのもいい。あるいは、フリーマーケットに出すのもひとつの方法です。

こうした、**なにかの役に立つ〝捨て方〟なら、「もったいない精神」ともちゃんと**

折り合いがつきますし、喜捨にもしっかりつながります。

捨てるべき物を捨てて、スペースが広がった部屋は、ずっと快適性がアップして、日々の暮らしが心地よくなります。それが**身体にも心にもよい影響をもたらす**のは、いうまでもありませんね。

その一方で、使う、使わない、ということにかかわりなく、捨ててはいけない物、残しておくべき物もあります。祖父母や両親から受け継いだ、いわば、「形見の品」は当然ですが、なにかの記念に自分のために買った物、家族のために買った物、などもそうでしょう。

むずかしいのがその判定基準です。

私は「思い」がキーワードになるのではないか、と思っています。

それを手にすると、思い出が巡ってきて胸が熱くなる、いただいた人の心が感じられて嬉しくなる、ホッとした気持ちになれる、元気が湧いてくる……。

それは、値段の高い・安いという問題ではありません。どんなに古びていても、たとえ壊れていたって、大切に残しておくべき物だと思います。それらは、**単なる**

「物」ということを超えて、あなたの人生に寄り添っているからです。ひとつ綺麗な箱でも用意して、そっとしまっておきましょう。

禅語に「**把手共行**《はしゅきょうこう》」というものがあります。

心から信じることのできる人（あるいは、本来の自己＝仏様）と手を取り合って人生を歩んでいきなさい、という意味ですが、いつでも「思い出」と出合うことができる物も、その任を十分に担ってくれます。

「あるがまま」でいる

◉「どうにもならないこと」に心を注がない

どんなものごとに対しても、自分の持てる力を出しきる——。

あっぱれな生き方だと思います。

しかし、それを「人生訓」に掲げて生きるとしても、ひとつだけ知っておかなければいけないことがあるような気がするのです。

世の中には自分ではどうにもならないことがある、ということです。

全力で生きていると、どうにもならないことにも果敢に挑み、なんとしてでもどうにかしたい、しなければいけない、と考えがちになりませんか？

しかし、どうにもならないことは、やはり、どうにもならないのです。全力を傾けても、全霊で取り組んでも、そのことは変わりません。それをどうにかしようとするから、しんどくなったり、苦しくなったりするのです。

私たちの命ひとつをとっても、どうにもならないことだらけでしょう。

たとえば、心臓の鼓動を自分で止められますか？　心臓は勝手に動いてくれていて、自分ではどうすることもできないのです。つまり、**命そのものさえ自分の手が及ばないもの、どうにもならないもので成り立っている**のです。

仏教では、私たちはみずからの力によって生きているのではなく、自分を超えた大いなる存在（大宇宙の真理とか仏性とか……）によって生かされている、と考えるのもそこに理由があるのです。

私たちが生きていく「原点」である命さえ、すでにどうにもならないことに気づいたら、どうにもならないことがたくさんあっても、なんの不思議もないことがわかる。そして、それをどうにかする必要などない、ということがスッと胸に落ちるのではないかと思います。

そう、**自分ではどうにもならないことは、そのまま、あるがままに受け取っておけばいい**のです。

いくら健康に十分な留意をして生活していても、病気やケガにみまわれることはあります。

「健康には十分に気配りしていたつもりなのに病気になってしまうなんて……。まだまだ注意が足りなかったんだ!」と悔やんだところで、病気になったという現実がくつがえることがあるでしょうか。そんなことは絶対にあり得ないわけです。そればかりか、自分を責めたり、嘆いたりすることで、気持ちはどんどん後ろ向きになります。

病気とは、文字どおり、「気」を「病む」ということですから、気持ちがシュンとしぼめば、症状にも影響があるでしょう。

ケガをして身体のどこかが不自由になることがあるかもしれない。

そのとき、「もう、前のように身体が動かせないのか……なんでこんな目に遭わなきゃいけないんだ」とわが身を呪っても、身体の機能がよみがえることはありません。日々を鬱々と過ごすことになるだけです。

どちらも、どうにもならないことなのですから、受け入れる以外の方策はありません。**じたばたしようが、しまいが、それしかないのです。**

ならば、「あっさり」受け入れませんか？

「あるがまま、そのまま」——それが正味の自分。その正味の自分でしかどんな人も生きられないのです。

自分ではどうにもならないことを受け入れたら、その状況と「共存」できるようになります。あるがまま、そのままの自分がいまできることに向き合えるようになる。どうにもならないことに、とらわれることがなくなって、「どうにかなる」ことに前向きの心で取り組めるのです。

ここでは健康の話をしましたが、もちろん、あらゆること、あらゆる場面に、どうにもならないことはたくさんあります。

心を向けるべきはそこではなく、「どうにかなる」ことのほうです。

「色眼鏡」を外す

●人間関係の悩みの九割は、これで消える

私たちは、実に複雑な人間関係に取り巻かれています。

心にのしかかる不安や悩み、心配事の多くは、人間関係にからんだものといっていいかもしれません。仕事の、地域社会の、学校の、友人たちの、家族の、きょうだいの、親族の……まさに、重層的な人間関係の中で人は生きています。ときにそれがもつれてしまい、心を覆って不安や悩み、心配事につながっていきます。

「どうも、あの上司とはソリが合わない。これじゃあ、いくらがんばったって、この先どうなることやら……」

「いい人づらしているけれど、どうもあいつは信用できないな」

「隣の奥さんったら、なんか私のことを避けているみたい……」

いったん、マイナスの思いにとらわれてしまうと、なかなかそれを払拭できないのが人間です。それどころか、負の感情はますます濃度が高まっていくのが一般的な流れだといっていいでしょう。

ソリが合わない上司はつきあっていられない上司に、信用できないあいつは人間性を疑うあいつに、（私を）避けている隣の奥さんは（私を）目の敵にしている隣の奥さんに……といった具合に、〝悪しき変貌〟を遂げていくことになるのです。

しかし、**関係のもつれのもとをたどると、きっかけはほとんどが「些細なこと」**なのです。会議で上司とちょっと意見が対立した、自分との約束を友人がうっかり忘れた、こちらが挨拶したのにきちんと挨拶を返してこなかった……。

どれも些細なことですし、そのときの感情は相手の一面から受けたものでしかありません。

しかし、そこで**「色眼鏡」**をかけてしまう。そして先入観を持ってしまうのです。

これほどアテにならないものはないのに、根強く心に棲みついてしまうのが、先入観のいちばんやっかいなところです。

たとえば、こんな経験はありませんか？

新しい仕事の関係者と初めて会うというときに、相手についての情報がまわりから入ってきます。

「いやぁ、あの人は気むずかしいと評判の人だよ。そうか、明日会うことになっているんだ。そりゃあ、大変だ。まあ、なんとかうまくやりなよ」

もういけません。気むずかしいという相手の「人物像」がそこで確定してしまいます。実際の面談がどんなものになるかは容易に想像がつくところでしょう。言葉数は少なく、神経質そうだけれど、ほんとうは懐の広い人であっても、その「真」の姿を見抜くことはほとんど不可能。先入観に縛られて、〝腫れものに触る〟ような対応に終始し、相手の不興を買ってしまう、といったことになります。

禅では**「色眼鏡をかけない」**という言い方をします。

先入観のみで人を判断することを強く戒めています。

「情報」だけで、あるいは、相手の一面だけを見て抱いた嫌な感情、否定的な思いを持って、全人間性を決めつけてしまったら、その人を見誤ることは必定です。

まず、自分から色眼鏡を外すことです。

そのうえで、次の禅語を胸に刻んでください。

「一切衆生《いっさいしゅじょう》、悉《ことごと》く仏性《ぶっしょう》有《あ》り」

あらゆるものには、仏性という美しい心が備わっている、という意味です。

「自分が接したのは相手のほんの一面にすぎない。今度は相手の中の〝仏性〟を見つけよう」

禅語が教えている、誰にも仏性（やさしさや思いやり、あたたかさや包容力……）がある、ということを信じ、そこを見ようとする姿勢でいたら、必ず、胸に響いてくるものが見つかるはずです。

色眼鏡を外した透徹したまなざしなら、ふとした瞬間に相手が垣間見せる仏性（真の姿）を見逃すことはありません。

相手の違った面が発見できたら、ソリが合わない上司は厳しいけれど自分に目をかけてくれる上司に、信用できない友人はおおらかで愛すべきおっちょこちょいな友人に、自分を遠ざけている隣の奥さんは人見知りだけれど控えめで心やさしい隣の奥さんに、「よき変貌」を遂げることになったりします。

人に対する好ましくない感情やネガティブな評価の背景には、実は色眼鏡をかけた自分がいるのだということを知ってください。それを外したら、見え方はガラリと変わったものになるでしょう。

そして、その視線の先で相手の仏性が、しだいにはっきりしたものになってくる。そのとき、人とのつきあいで感じていた煩わしさや面倒くささも、人間関係が原因だと思われた不安や悩み、心配事も、「あれっ、どこかに行ってしまった」ということになるのです。

「潔い人」になる

●「地位」や「立場」なんて、さっさと譲る

ものごとに「固執」するほど、余計な心配は増えていきます。

たとえば、どんな人も、社会的な立場や仕事上の地位を担って生きています。それをまっとうするのは大事なことなのですが、ともすると、その立場や地位に「固執」してしまうことになる。これが、少々、やっかいです。

たとえば、仕事の場面でいえば、課長や部長というポストに就くと、それに固執し、守ることに汲々とする人がいます。

「ようやく手に入れた部長の席だ。なんとしてもこれを明け渡してなるものか！」

というわけです。

みなさんの周囲にも、そうした「守旧派」ならぬ「守席派」の上司がいるのではありませんか？　そんな存在が組織の機能に支障をもたらすことはいうまでもないでしょう。部下が成長するうえでも大きなマイナスですし、組織の風通しも、当然、悪くなってしまいますね。

立場や地位に固執し、執着する上司が、部下たちから〝総スカン〟を食らっていて、そのことに自分だけが気づいていないという、ちょっとした悲喜劇的な状況が展開しているかもしれません。

これは禅語ではありませんが、『書経』に、**「満《まん》は損《そん》を招《まね》き、謙《けん》は益《えき》を受《う》く」**という言葉があります。

つまり、傲慢で尊大な人は損を招き寄せることになり、謙虚な人は利益を受けることになる、という意味です。

自分の立場や地位に固執することなく、時機到来と見たら、潔く譲り渡すことの大切さをいったものでしょう。

もちろん、会社という組織の中では、上司が、「私はそろそろ退くから、あとは君にこのポジションを譲るよ」と直属の部下に対して勝手に人事権を行使することはできません。

しかし、それまで自分が担っていたクライアントとの交渉の詰めを部下に任せてみる、企画会議の議長役を部下に委ねてみる、部下に持ちまわりで朝礼の訓示をやらせてみる……。できることはいくらでもあるのではないでしょうか。

自分が務めていた仕事のポジションを譲ることは、決して部下によって自分の存在が脅かされるということではありません。

なんといっても自分がそのポジションの仕事をこなしてきたという経験があります。**その経験を活かして、大所・高所から的確な指導やアドバイスができます。**

それまで以上に責任を問われる、新たな仕事を与えられた部下は、迷ったり、戸惑ったり、悩んだりすることがあるでしょう。そんなときにもっともありがたいのは、**仕事のツボを心得た「経験者」の導き**です。それによってこそ、部下は能力を伸ばし、力量をつけていくのです。

〝総スカン〟上司とはまったく対極的な、頼もしい上司の存在がそこにあります。もちろん、組織が活性化することはいうまでもありません。

立場でも地位でも、「守らなければ……」と考えれば考えるほど、余計な心配のタネをまくことになって、心の安定を失っていくのです。

固執せずに、さっさと譲り渡してしまえば、重くのしかかっていた心配のタネは自然に剥がれ落ちていって、軽々とした心で大所にも高所にも立てます。

「散りぬべき　時知りてこそ　世の中の　花も花なれ　人も人なれ」

これは、細川ガラシャの辞世の句。

引きどき、譲りどき、を心得ている人の生き様は、実に清々しく、あざやかだと思いませんか？

「いい加減」を心得る

人は自分の力量に見合ったことしかできない

みなさんは、「**いい加減**」という言葉をどんなイメージでとらえていますか？

おそらく、いいイメージを持っている人は少ないのではないでしょうか。

実際に、「あいつはいい加減な人間だ」「こんないい加減な仕事しかできない」といった使われ方をすることがほとんど。「中途半端」「手抜き」などとほぼ同じ意味だと受け取られています。

しかし、その一方でこんな使い方をすることも思い出してください。絶妙な（塩）加減の料理、ちょうどいい（湯）加減……。こちらはずいぶんニュアンスが違います。

このように、いい意味にも、悪い意味にも、とられる言葉ですが、私は「いい加減」を肯定的に考えています。

たとえば、**仕事をするうえで自分の「力量」を知っておくということはきわめて大切**です。

しかし、案外、それがわかっていない人が多いというのが実情でしょう。仕事のオファーがあれば、自分の力量と相談することなく、なんでも引き受けてしまったりするものです。

しかし、**人間は力量に見合ったことしかできない**のですから、仕事がそれを超えるものだった場合には、対応しきれずに、あるいは結果を出せずに、相手に多大な迷惑をかけることにもなります。

自分自身も「できない」ことへのあせりや苛立ち、悔しさや情けなさにさいなまれる、ということになるはずです。心に大きな負担がかかるのです。

そんな事態に陥らないためのカギが**「いい加減」を知る、「いい加減」を心得る、**ということです。

もう、おわかりでしょう。「いい加減」とは自分の持っている「力量」のこと、そして、「いい加減」を知るとは、つまりは、自分の力量を的確に把握している、ということなのです。

「いい加減」を知る人は、仕事はもちろん、すべてのものごとを堅実にこなします。これが、信頼につながるのです。意識する、しないにかかわらず、「大ボラ」を吹いたり、「大風呂敷」を広げたりすることがありませんから、周囲からの信頼を得られます。

「できない自分」に、いたずらにぶつからないようにする。そうすれば、いたずらに心を掻き乱されたり、自信を失ったりすることがなく、いつも安定した心でいられるのです。

そう考えると、「いい加減」を知ることは、人生をバランスよく生きるうえでの重要なコツになるともいえそうですね。

ただし、ここでちょっと考えてみてほしいことがあります。

「いい加減」とどのように向き合うかです。

「自分の〝力量〟を超えないようにすればいいのでしょう？」

たしかに、それはそうなのですが、私は少し幅を持たせて考えたほうがいい、と思っています。つまり、**「伸びしろ」を見ておく**のです。

たとえば、自分の力量が「一〇」だと理解しているときに、「一二」の能力を必要とする仕事のオファーがあったとします。

ここで、「これは、自分の〝いい加減〟を超えてしまうから、断るべきだろうな」とすぐに判断するのはどうでしょうか。

なぜなら、その時点での、**自分の「力量」と、能力の「限界値」は違う**からです。いま持っている力量だけではむずかしいかもしれませんが、挑戦心を持って必死に努力すればなんとかカバーできる。「限界値」はそんなところにあるのだ、と思います。

もちろん、必要な能力が「一五」「一八」ということになったら、「一〇」の力量では手も足も出ない。到底、こなすことはできないでしょう。

しかし、**「一〇」の力量で、「一二」の能力を必要とすることにチャレンジするならなんとかなる範囲、あえて、「いい加減」を超えるところに足を踏み入れてみる価値**

は十分にある、と、私はそう思うのですが、いかがでしょう。

一度そのレベルをクリアすると、実績にもなりますし、自信もつきます。そう、力量が上がるのです。当然、限界値もより高いレベルに上がっています。今度はその限界値に向かって挑んでいったらいいのです。

「いい加減」を知ることは大事です。

しかし、その先の「限界値」を見据えておくことも、同じように大切です。

そのことをしっかり胸に刻んでおいてください。

2章

「いま」できることだけに集中する

すると、「余計なこと」は考えなくなる

「あたりまえ」を見直す

●いま、ここにある幸せに気づく

「人はあたりまえのことほど、それに対する感謝の心を忘れがちではないか」

このことは、私が講演などでよくお話しするのですが、もっとも象徴的なのが親の存在でしょう。

親はいるのがあたりまえ、子どものことに心を砕くのがあたりまえ、蔭になり日向になって子どもを助け、守るのがあたりまえ……。どこかでそんなふうに思ってはいませんか？

その**「あたりまえ」のことが、どれほどありがたいことなのかを、身をもって知る**

のは、親を亡くしたときです。

「故郷のなつかしい好物が、届く荷物にいつも入っていたのは、無くなる頃をみはからって母親が送ってくれていたからだったんだ」

「親戚づきあいってこんなにたいへんだったのか。ぜんぜん気づかなかったけれど、父親が差配してくれていたから、自分はなんの負担も感じなかったんだな」

有形でも無形でも、知らず知らずのうちに親に頼っている部分は少なくないものです。それを「頼っちゃって、申し訳ないな」と感じさせずに、「あたりまえ」のようにしてくれるのが、親の偉大なところ、存在感の重さといってもいいでしょう。

こんな言葉があります。

「あるべきものが、あるべきところに、あるべきように、ある」

曹洞宗大本山永平寺の貫首《かんしゅ》を務められ、一〇〇歳を過ぎてからも、若い禅僧と同じ修行をされていた宮崎奕保《えきほ》禅師がおっしゃったものです。

まさしく、これが「あたりまえ」の姿です。

そのあたりまえの在り様こそ禅の悟りそのもの、それ以上にありがたいものはないのだ、というのが宮崎禅師のお考えだったのだと思います。

みなさんのまわりの「あたりまえ」のことを、一度、見直してみませんか？ 朝、起きたら朝食が準備されている。会社に行けば自分のデスクが変わらずにある。なにかあったときひと声かけたら酒につきあってくれる友人がいる。寝顔を見るだけで元気になる子どもがちゃんと育ってくれている……。

「いま」「ここ」にある「あたりまえ」のことにどれほど自分が支えられているか、あるいは、癒されたり、励まされたり、勇気づけられたりしているか——。

そのことに気づいてください。すると、心は大きく変わります。家族に対して苛立ったり、仕事をおざなりにしたり、友人関係を疎《うと》ましく思ったり……といったことがなくなっていくのです。「いま」「この瞬間」が充実していくのです。

「あたりまえ」のことを、もっともっと大事にしようという気持ちが生まれ、すべてに感謝できるようになる。「おもしろくない」「ムシャクシャする」「ああ、うっとうしい」……。そんな気分がなにかにつけて心を支配するのと、「ありがたいな」という思いがいつも心にあるのとでは、人生は大きく違ったものになると思いませんか？

あせらない、あわてない

毎日一回、必ず「立ち止まる」

「ここまでの人生、ひたすら目標に向かって走り続けてきた」

成功した人のそんな言葉を聞くと、すごいな、と思うと同時に、自分に置き換えてみて、「自分はなんと、立ち止まることの多い人生だろう。やっぱり、なまけ心に負けているのかな?」と思ったりすることがあるかもしれません。

たしかに、歩を止めることなく走り切ってしまう人もいますし、そんな人生はたくましく、あざやかにも映ります。

ただし、誰もがそうできるわけではないのです。

階段だって、一気に昇ってしまう人もいれば、踊り場で休み休み昇る人もいます。そこで歩を止めてひと息入れることで、新たな活力が吹き込まれたり、歩調の調整ができたりする。〝一気〟とは違った昇り方の「妙」があるといってもいいですね。

禅語にこんなものがあります。

「七走一坐《しちそういちざ》」

七回走ったら、いったん座ってみよ、ということです。

ひた走る人生もそれはそれでかまわないと思いますが、禅語は、止まることは決して悪いことではない、むしろ、大事なことなんですよ、と教えています。

止まる、ということは、自分を見つめ直すこと、それまでの自分を振り返ってみる、ということです。「振り返る必要などなし！　わが人生に、なんの迷いもない！」という人は、そうはいないでしょう。

「いったん止まってしまうと、次に動き出すのが億劫《おっくう》になったりしないかな？」なんて恐れずに、止まってみたらいいのです。

とくに躓《つまず》いたとき、失敗したときは、止まることが大事だ、と私は思っています。

躓きや失敗には、必ず、「原因」というものがあります。なにより大切なのはその原因を明らかにすること。そのためには止まってみる、すなわち、躓いた自分を見つめ直してみる、失敗した自分を振り返ってみる、ということが不可欠です。

原因究明をせずに、歩を先に進めてしまえば、躓きも失敗も置き去りにされます。これがのちのち効いてきます。はるか先まで進んだところで、置き去りにしたことに気づかされ、取りに戻らなければいけなくなったりする。つまり、同じ失敗を繰り返してしまう、ということにもなるのです。

あの松下幸之助さんにこんな言葉があります。

「失敗の原因を素直に認識し、〝これは非常にいい体験だった。尊い教訓になった〟というところまで心を開く人は、後日、進歩し成長する人だと思います」

躓きや失敗をいい体験にする、尊い教訓とするための条件は、きちんと失敗の原因を見きわめ、明らかにするということでしょう。「いま」やるべきことがあるのです。そのためには「止まる」ことが大切だと、日本屈指の実業家、経営の神様も説いていると思われます。

もちろん、躓いたり、失敗したりしたときだけでなく、自分のペースを考えながら、「ここかな？」と感じたときは止まればいいのです。

中国古典だったと思いますが、**「一日一止《いちにちいっし》」**という言葉もあります。「一止」という字を見てください。「止」のうえに「一」をのせると「正」という字になります。**一日に一回、止まって自分を省みることは「正しい」ことだというわけです。**

前を走り続けている同僚や友人の背中を見ながら、自分の歩を止めるのは不安なことかもしれません。しかし、禅も中国古典も「大丈夫だ」と請け合っています。安心して止まって、さまざまなことを「考える時間」をつくってください。

前向きに受け止める

落ち込んでもいい、でも早く立ち直ろう

人生、いいこともあれば悪いこともある。これは真実です。

平板な人生などあり得ない。どんな人生にも山もあれば、谷もある。そのことは誰もが頭ではわかっています。しかし、現実に山や谷に身を置いていると、心は穏やかでいられなくなるのです。

「たしかに、仕事でも人間関係でも、健康のことでも、思うようにいかないと、気持ちは暗く落ち込んでしまう」

これは「谷」にあるときですが、逆に「山」にあるときには、自分の能力を過信し

たり、思い上がって人を見下したり、といったことにもなります。

仏教では「**増上慢**《ぞうじょうまん》」といいますが、未熟であることを忘れて、さも悟りを得たかのように誇る、という心の状態になりかねないのです。これが人生に悪い循環をつくります。

もちろん、人間ですからどんなことが起きても、どのような状況に置かれても、つねに変わらず、静かで、穏やかな心でいることはできないでしょう。

不世出の大横綱といわれた双葉山関は六九連勝という大記録を残していますが、七〇勝目を狙った勝負で、安藝《あき》ノ海関に敗れたあと、師と仰いでいた安岡正篤さんに宛ててこんな言葉を打電した、と伝わっています。

「**いまだ木鶏**《もっけい》**たりえず**」

木鶏とは木彫りの鶏です。軍鶏《しやも》どうしを闘わせる「闘鶏」で最強なのは、なにがあっても心を動じることなく、泰然自若《たいぜんじじやく》としている木鶏であるとした、荘子《そうし》の言葉を用いたものですが、七〇勝目の勝負で心が動いた自分は、いまだその域に達していない、と自戒をこめて師にこの言葉を伝えたのでしょう。

心技体がともに最高度に充実していたとされる双葉山関にして、なお、心に揺れが生じることがあるのですから、「木鶏たる」のはまさしく至難のわざです。

悪いことが起きたり、つらい境遇に立たされたりしたら、気持ちが落ち込んでもいいのです。そのうえで、負の心をプラスに転じていく。それが禅の考え方です。

ある禅僧についての次のようなエピソードが伝わっています。

修行の旅を続けている中で、禅僧はひどいあばら屋で一夜を過ごすことになります。天井には穴が開いていて、そこから落ち葉がまいこみ、寒さをしのぐために床板を剝がして燃やさなければならない、という具合ですから、禅僧がうら寂しい気持ちになったとしても不思議はありません。

しかし、ふと上を見上げると、破れた天井の隙間から煌々《こうこう》と月の光が射し込んでいる。その光が自分を包み込んでくれていることに気づくのです。

そして、「そうか、自分はいま、すばらしい時間を過ごしているのだ」と禅僧は感じた。それまで心を占めていたうら寂しさは消え、幸福感に満たされたのです。

あばら屋でやっと寒さをしのいでいる、という現実は変わりません。しかし、それ

をうら寂しいと感じる一方で、幸福だと受け取る方向に心を転じていくこともできるのです。

「なぜ、自分はこんな目に遭うのだ！」という状況に立ったとき、嘆きや怨《うら》みを募らせるばかりということになるかもしれません。

しかし、そうではなくて、「ここをなんとか乗りきったら、ちょっとやそっとのことでは動じなくなる。なんとか踏ん張ってみよう！」という前向きな受け止め方もできるのだ、ということに気づいていただきたいのです。

「神は乗りきれない試練を人に与えることはない」

という言葉もあります。そのときは押しつぶされそうな気がしても、八方塞がりだとしか思えなくても、それは（あなたなら）乗りきれる試練だから、あなたに与えられたのです。

そう考えることが、心を転じていく契機になりませんか？

「いま」を変えていくきっかけになりませんか？

違った方向が見えてこないでしょうか？

ひと皮剝ける、という言葉がありますが、そのためには困難や逆境をくぐり抜ける必要がある、と私は思っています。

つまり、困難も逆境もひと皮剝けるための格好のチャンスなのです。むしろ、〝歓迎〟すべきものだといってもいいでしょう。

生涯、市井の民とともにいて、子どもたちに愛された良寛さんもこういっています。

「災難に逢う時節には災難に逢うがよく候」

心には、必ず、「転じる力」があります。

そのことを知っておけば艱難辛苦《かんなんしんく》も「なんのその！」です。

朝を大事にする

心に余裕をつくる一番の方法

時間を使え、時間に使われるな、という話をしたいと思います。

心身ともに健全で、しかも潑剌《はつらつ》と生きるためには、生活のリズムを崩さないことが大切です。起きる時間も床につく時間も、その日その日でバラバラというのでは、いい体調は保てませんし、心だって疲れてきます。

しかも、人間はだらけようと思えば、いくらでもだらけられる。怠惰に流れれば、際限なく流れてしまうから始末が悪い。どこかで歯止めをかける必要があります。

自分の中に、生活のリズムを保つための「ルール」をつくったらいかがでしょう。

注目すべきは朝です。

朝を大事にする。

私はそのことを声を大にして提案したいと思っています。朝を大事にするというルールで、もっともキモになるのは**「毎日、一定の早い時間に起きる」**ということです。早く起きれば朝の時間帯に余裕が生まれます。

みなさんの中には、ギリギリまで眠っていて、あわてていれたコーヒーをグッとひと飲みし、カップを流し台に放り出して、脱兎《だっと》のごとく最寄りの駅に……といった朝を繰り返している人がいませんか？

一日のスタートである朝がそれでは、その日の流れは推して知るべしです。最初から時間に追われ気が急いていますから、心に余裕がない。そして、忘れものをすることもあれば、仕事でミスを犯す可能性だって大きいでしょう。

次の禅の言葉をしっかりと噛みしめてください。

「汝《なんじ》は一二時に使われ、老僧は一二時を使い得たり」

中国唐末に生きた趙州《じょうしゅう》従諗《じゅうしん》禅師のもので、おまえは時間に使われているが、私は時間を使いきっているぞ、という意味です。

時間を主体的に使うことの大切さをいったものですが、あわただしい〝ドタバタ劇〟から一日を始める様は、まさにその正反対です。時間に使われ、時間に振り回される姿そのものです。

早起きをして、部屋の空気を入れ換え、季節ごとに変わる戸外（窓外）の景色を見ながら、大きく深呼吸をする。それだけでもう血流がよくなって活力がみなぎってきます。風が運んでくれる小鳥のさえずりや木々の葉の色の変化に気づいて、感性が刺激され、磨かれることにもなるでしょう。

ゆったりと食事のあとのお茶やコーヒーを味わっているうちに、朝の清々しさが体にも心にも取り込まれます。同時に「よし、今日も一日がんばるぞ！」という意欲が湧いてきます。

なんと、〝贅沢〟な朝だと思いませんか？

これぞ、時間を使いきっている姿です。

そこから始まる一日も、また、推して知るべし。充実した時間が次から次に連なっていくことになるのです。

繰り返しますが、**一日二四時間を主体的に使いきるカギは朝にあります。**

この朝を大事にするルールは、とくに定年を迎えて以降の人に実践していただきたい、と私は思っています。定年は人生の大きな節目であり、生き方の転機にもなります。それだけに心して向き合わないと、困ったことにもなります。

それまで仕事に打ち込んでいたらいただけ、心がしぼみ、気力が萎える、といったことになりやすいのです。

その典型的な例が、定年を迎えて一気に老け込んでしまう人。かつての勇猛な企業戦士が、なんとも哀れな〝ぬれ落ち葉〟に変貌するというケースは、決して珍しくはありません。

朝は適当に起きたいときに起きる。ときにはゴロゴロと昼まで惰眠をむさぼる。日がなすることもなく、たいして興味もないテレビ番組を流しっぱなしにして、見るともなく見ている……。

ぬれ落ち葉である自分を受け入れてしまったら、生活リズムはそんなものになりかねないのです。そして、余計な不安や悩み、心配事にとらわれ始めるのです。

仕事に定年はあっても、人生に定年などありません。**そのときどきにいただいている命を丁寧に生きてこその人生**です。

やはり、カギは朝にあります。

現役時代と同じように、いや、それ以上に朝を大事にする意識をもって一日を始める。すると、気力にも、体力にも溢れた毎日が送れるようになります。

気持ちを新たにして、なにか仕事を探してみよう、地域のボランティア活動に参加してみよう、現役時代にできなかった趣味に打ち込もう……。必ず、そういうことになります。料理の腕を磨いてときどき家族にランチをふるまう、ということだって、すてきな定年後の生き方ではありませんか?

朝を大事にするという、たったひとつのルールが、「ああ、今日も一日なすこともなし」という心の閉塞感を吹き飛ばし、「いま」「ここ」を全力で生きている実感でいっぱいの豊かな時間をもたらします。

自分の「ものさし」で生きる

他人の価値観に振り回されないために

生きていくうえで誰もが少なからず意識しているのが「世間の常識」というものではないでしょうか。

みんなが常識を踏まえているから社会は成り立っている。それぞれが好き勝手をやって常識から逸脱すれば、社会は混乱することにもなるでしょう。

常識は守るべきもの。それは大原則ですが、ともすると、常識にこだわるあまり、自分らしさがなくなる、ということにもなるような気がします。

常識に縛られ、自由な発想ができない、自由にふるまえない、心が窮屈になる……。

そんなふうに常識が手枷《てかせ》、足枷《あしかせ》になっている、と感じたことはありませんか？

常識から自由になって、でも道を誤らないで生きるには、自分の「ものさし」を持つことが必要です。**根底には常識というものを感じながら、ときにそれにこだわらないで自分独自の判断をする指針、ものごとを自分流に解釈するよりどころ。「ものさし」とはそういうものだと思います。**

さて、そんな「ものさし」を持つためにはどうしたらよいのでしょうか。

これはもう、みずから実践していく、経験を積んでいく以外に方法はありません。

禅では「実践」をもっとも重んじています。

そのことを教えるのが**「冷暖自知《れいだんじち》」**という禅語です。器に入っている水は、見ているだけでは「冷たい」のか「暖かい」のかはわからない。実際に自分で飲んでみる（あるいは、そこに手を入れてみる）以外に、「冷暖」を知る手立てはないのだ、という意味です。**考えるより動くことが大事なのです。**

いまは情報がふんだんにありますから、「知識」はたやすく、いくらでも、手に入れることができます。それこそ、インターネットで検索すれば、「常識にとらわれない生き方」といったテーマで、なにごとかを開陳しているサイトがズラリと出てくるでしょう。

しかし、それらを一読したら、常識にとらわれず、こだわらずに生きられるかといったら、これはまったく別の話です。

頭に知識をどれほど詰め込んでも、いざ、常識にこだわるか、こだわらないか、を問われる場面に遭遇したら、手も足も出ないのです。

実践する中で経験を積み重ねて、体でわかる、つまり、「体感」することで、自分にとって正しい判断ができて、もちろん、行動もついてくるのです。知識だけでは「ものさし」を持つことはできないのです。

曹洞宗大本山總持寺の貫首を務めておられた板橋興宗《こうしゅう》禅師は、貫首の座にあってなお、修行僧と同じように坐禅にも、作務《さむ》にも取り組んでいらっしゃいました。

そのレベルの方になると、周囲の僧たちは、「もう、作務などなさらずともよろしいのではないですか？　お部屋でゆったりとしておられてください」と進言するものですが、板橋禅師は手拭いを頭にかぶり、作務衣に素足で拭き掃除をされていました。

總持寺を降りられたいまでも、時折托鉢にも出かけておられるそうです。

もちろん、常識というものの枠をはるかに超える、すばらしい「ものさし」がしっかり確立されていたはずです。

しかし、さらにさらに〝精度〟の高いものさしを求めて、板橋禅師は実践から決して離れず、経験を重ねておられた、ということでしょう。

まさしく、あくなき禅の教えの体現です。実践、経験によって「ものさし」をつくり上げ、その精度を高めていくにしたがって、自由になります。

『論語』にこんな一節があります。

「七十にして心の欲する所に従えども、矩《のり》を踰《こ》えず」

心の欲するところに従うとは、自分の思うように考え、また、行動するということ。矩を踰えずとは、人の道を踏み外すことがない、ということです。

（常識にこだわる、こだわらないなどということを超えて）思うがまま、自由に生きていて、人としての真理、生きるうえでの真理に、きちんとかなっている、という意味ですね。心の中に磨き上げられた「ものさし」を持って生きるとは、こういうこととをいうのです。

さあ、一にも二にも「実践・経験」ということを心にとめて、ぜひ、自分の「ものさし」を持ってください。

そして、少しずつでいいですからそれを磨いていく。そうすれば、自分の人生に自信が生まれ、「他人と比べる」ことから生まれる不安や悩み、心配事から解放され、心がどんどん自由になっていきます。

余計なことを調べない

情報の〝暴飲暴食〟はやめる

「情報化社会」と「心」の関係について話をしたいと思います。

現代社会は「超」という字がつくほどの高度情報化の時代に入っています。急速なインターネットの普及、進化がそれに拍車をかけていることはいうまでもないでしょう。

情報が幅広く、簡単に手に入るのは、利便性という点では好ましいことには違いありませんが、反面、憂慮すべき問題も孕《はら》んでいるのではないかと思います。

有り余る情報が判断力を弱めているというのがそれです。

たとえば、健康のためになにかをしようと考えたとします。「ちょっと情報を集めてみるか」とネットで検索をすれば、たちまちすさまじい量の情報が押し寄せてきます。その結果、

「これもよさそうだし、こっちも効果がありそう。なになに、こんなのもあるのか。いや、これも捨てがたいぞ……」

と、あまりに選択肢が多すぎて、判断に迷ってしまう、判断に自信が持てなくなる、というわけです。

あらゆる場面でこうしたことが起こっています。仕事についても、「ここは将来性がありそうだ」「こちらは条件がいいな」「面白さからいったらこっちか」「給料の面ではここもいいし……」ということになります。

本来、仕事を考えるうえでは「自分がなにをしたいか」という視点がもっとも大切です。仕事を選ぶということは、「どう生きていくか」ということとも深く結びついていると思うのです。

どんなにたくさん情報を集めたって、〝したいこと〟も〝生き方〟も見つけること

はできません。やはり、自分の心の中に見つけるしかない。そのためには、じっくり腹を据えて考えることが必要です。

言葉を換えていえば、「心の置きどころ」をしっかり定めて、その心に問いかけてみるということでしょう。

その意味では、**情報は〝迷い〟のもとにもなります。情報がありすぎるからかえって、心をどこに置いたらよいかわからなくなる**のです。心がふわふわと彷徨《さまよ》っていたのでは、迷ったり、不安になったりして当然です。

かつての日本では、ほとんどが家業を継ぐというかたちで仕事に就いていました。農業がその典型ですが、職人さんの世界でも親から子、子から孫にその技が受け継がれていたのだと思います。

選択肢がなかったことで、「心の置きどころ」は定まっていたし、その仕事に専心することができた。そして、まっしぐらにその仕事に打ち込むことが、人生を充実して生きることにもつながっていたのです。

選択肢がないのだから、仕事に迷いや不安が入り込む余地もなかった、といってしまえば、たしかにそう。しかし、その時代の人たちは、仕事ばかりでなく、「生きる」ということについても、現代人のようにいたずらに迷い、不安にさいなまれる、ということはなかったはずです。

もちろん、選択肢が多いことは可能性を広げる、という面からも大切です。ただし、選択肢は絞り込むことが重要。**「心の置きどころ」を定めるということに力点を置いて、そのために必要と思われる情報だけを集め、選択肢を広げる、**というふうに考えたらどうでしょう。

置きどころが定まった心に問いかけて選んだ仕事、あるいはやると決めた行動なら、たとえすぐには思うような結果が出なくても、ブレるということがなくなります。

そのことに一生懸命になれる。

ここが大事なところです。

「随処《ずいしょ》に主《しゅ》となれば、立処《りっしょ》みな真《しん》なり」

という、臨済宗の開祖である臨済義玄《ぎげん》禅師の言葉があります。

その意味は、どんなところにあっても、「いま」「ここ」でできることを一生懸命にやっていれば、自分が主人公になって生きられる、ということです。

〝主人公〟の視線は飛び交う情報に惑わされて、あちらこちらにキョロキョロと宙を泳ぐようなことはありません。しっかりと一定方向を見据えています。

〝主人公〟が踏みしめる大地にはくっきりとした乱れのない足跡が刻まれます。たしかな足どりで人生を歩んでいけるといってもいいですね。

いつだって、どこでだって、誰もが主人公になれるのです。

まず、「心の置きどころ」を定める。「いま」できることに集中する。

そこから始めませんか？

置かれた場所で輝く

●「いま」やらないで、いつやるのか？

みなさんは、いまの仕事に〝本気〟で取り組んでいますか。

そして、仕事が〝楽しい〟、毎日が〝楽しい〟と感じているでしょうか。

もとより、データなどを取ったわけではありませんから、想像する以外にないのですが、おそらく、かなりの数の人が「そうでもない」と答えるのではないか、と思います。

若い世代の人たちを見ていると、仕事に就いていても「なんだか、自分に合っていないみたい」「やりたい仕事とは違う気がする」といったことだけで、すぐに見切りをつけてしまう、簡単に放り出してしまう、という傾向にあるような気がします。

「石の上にも三年」という諺もあるように、昔は、なにをやるにしても〝辛抱〟がついてまわるもの、という自覚と覚悟を誰もが持っていました。ところが、いまやその言葉もほとんど死語になっている。隔世の感という思いがしますね。

生きている実感にも乏しい。これも現代人に共通するものでしょう。強引であることを承知でいってしまえば、仕事も人生も、なにもかもが「つまらない」という感覚が広く蔓延しているのが、この世代の特徴といえるのではないでしょうか。

つまらないから、不平不満を抱くようになるし、悩みのタネにもなる。ここで自分の心に問いかけてみてください。

どんな仕事なら本気で取り組めるのか、どう生きたら自分が輝いて楽しいと感じることができるのか――?

答えは出ましたか？

たしかなことは、ひとつしかありません。本気で取り組める仕事がどこかからもたらされるわけではない、ということです。待っていれば楽しい人生といつか出合えるわけではありません。

そう、**「いま」就いている仕事に〝本気〟になるしかない。生きている「いま」を楽しむしかない**のです。

そうするためのヒントは、**「大地《だいち》黄金《おうごん》」**という禅語にあります。

たとえそこがどこであれ、いまいるところ、自分が置かれている場所で、精いっぱい尽くす。すると、その場所が黄金のように輝いてくると、この禅語は説いています。

光り輝く黄金の大地があるのではありません。そこにいるあなたが大地を黄金にするのです。自分には合っていないように感じても、やりたいことと違っていても、「いま」「そこ」で就いている仕事が「あなたの仕事」なのです。

それに、いま、そこで、本気で取り組まないでいて、いったいいつなら、どこでなら本気になれるのでしょうか？

道元禅師に、ある典座《てんぞ》和尚とのあいだの有名なエピソードがあります。

中国にわたって天童山の如浄《にょじょう》禅師のもとで修行を始めたばかりの頃、道元禅師は、ある日、真夏の炎天下で日よけの笠もかぶらずに、椎茸を干している年老いた典座和尚を見かけます。「なにもこの暑いさなかに、その仕事をしなくてもいいではないですか。もう少し、日射しが和らいでからでも……」。そう語りかけた禅師に老典座はこう答えます。

「更にいずれの時をか待たん」

その意味は、「いまでなくて、それでは、いったいいつやるのだ（いつになったら、これをやるにふさわしい時というものが来るのか→そんな時は来るわけがない）」ということです。

道元禅師は、この老典座にいたく感銘を受けた、と伝えられています。**いましかない、ここしかない、と腹を据えたら、仕事に本気になるための、生きていることを楽しむための「工夫」というものが生まれてきます。**

「誰がやっても同じではないか、と思っていたこの仕事であっても、待てよ、なんとか〝自分流〟の色が出せないか？」

ということになります。

いま、そこで、精いっぱいを尽くす意欲がみなぎってくる、といってもいいですね。

取り巻いている風景がそれまでとはまったく違ったものになると思いませんか？

仕事で〝自分流〟が出せたら、誰でもできる仕事が、彼（彼女）にしかできない仕事に変わります。

「彼（彼女）だったら、どんなふうに仕上げてくるか期待したいね」

そんな評価の声が上がるようになるでしょう。

それを、「存在感」というのです。

心から楽しめるものに打ち込んでいたら、その瞬間、瞬間を充実して生きることができます。心から迷いや不安が消えて、どんどん前向きになっていきます。

そんなあなたは、いま、そこで、輝いています。

置かれた場所でしっかりと地に足をつけて花を咲かせています。

感情に逆らわない

◉それが、なにものにもとらわれない姿

いつもイライラしてしまう、すぐにクヨクヨしてしまう……。どうすれば、もっと上手に感情をコントロールできるのか——?

そのためには、**「無心」**でいることです。

無心であれば、感情に振り回されることはありません。ものごとに一喜一憂することもなく、気持ちはいつだって平穏です。

しかし、無心でいるのは容易なことではなく、なんともむずかしい。坐禅をしているときも、「無心に座らなければ……」という思いが強いと、かえってそれにとらわ

れる。「なにも考えちゃいけないんだ」「心を空っぽにしなくては」ということばかりが頭の中で堂々めぐりをしてしまうのです。

坐禅をしていたって、さまざまな思いが浮かんでくるのは止めようがないのです。浮かんできた思いはそのまま放っておけばいい。するとと、自然に消えていってしまいます。

浮かぶに任せ、消えるに任せる。それが「無心」に近い心の在り様です。

水に一石を投じると、さざ波が立ち、波紋が生まれます。その波紋をなんとか静めようとして手を水に入れたら、さらに複雑な波紋が生じる。放っておけば、しだいに波紋は静まっていき、やがては鏡のような水面が戻ってきます。

心も同じことでしょう。

「雲《くも》無心《むしん》にして岫《しゅう》を出《い》ず」

という禅語があります。

文字どおり、雲はなにものにもとらわれず、風が吹くままに形を変え、いざなうままに動いていきながら、雲であるという本分を失うことはない、という意味。まさに、無心を現じているのです。

私たちは、日々、さまざまな状況に出合います。いいこともあれば、悪いこともある。気分が晴れ晴れとすることもあれば、腹に据えかねることもあるでしょう。いずれにしても、それにとらわれたら心が大きく乱れます。

「あんな言い方をしやがって！　あの野郎、このままにしちゃおかないぞ！」

心に吹き込んできた〝怒りの風〟に反発し、抗《あらが》おうとしている姿です。とらわれている。これでは頭がそのことでいっぱいになって、心は乱れたまま硬直化してしまいます。

もちろん、喜怒哀楽という感情は、人間らしさそのものですから、湧き上がってくるのに任せておけばいいのですが、それをなんとかしようとするから、跳ね返してやろうと考えるから、いつまでもそこから離れられなくなるのです。

大地に打ち込まれた杭は、固定化され動くことはありません。どんなに強風が吹いても、その場で風に抗するしかありません。しかし、風がさらに強まっていけば、いつかはポキリと折れてしまうかもしれません。

一方、竹は風の強さに合わせてしなやかに撓《たわ》み、どんな強風の中でも決して折れることはありません。そして、風がやめば、スッとまっすぐに伸びた本来の姿に戻ります。風が吹くに任せ、やむに任せているのです。

そのときどきの思いや感情に「動かされない」でいようとする必要はありません。浮かぶに任せ、消えるに任せ、です。

それがとらわれない姿。そこに気がついたら、「力み」がなくなり、「いま」に集中し、心はずっとやわらかく、しなやかになります。

さあ、「無心」にグッと近づいていきましょう。

夜は静かに過ごす

●大事な判断を夜中にしてはいけない

さて、みなさんは、心静かな夜を過ごされているでしょうか。

禅の修行には**「夜坐《やざ》」**といって、夜の坐禅があります。

曹洞宗の大本山である永平寺（福井県）、大本山總持寺（神奈川県）では午後の八時頃からこれに入り、心を静めて床につくのが雲水（修行僧）たちの毎日の決まりとなっています。

みなさんは、どうでしょうか。仕事が終わったら、連夜のように赤提灯に居座って杯をあげ、愚痴三昧に及んでいる、なんてことはないでしょうか。それでは一時の憂さ晴らしにはなっても、覚めてみたら「ああ、気分がすぐれない」ということになりませんか？

案外、夜は静かに過ごすのがむずかしいのです。昼間は仕事の忙しさの中で影をひそめていた不安や悩み、心配事が、夜になると全輪郭をあざやかにしてくるからです。いったん、そのことに心がとらわれたら、振り払うのは大変です。私は夜の「闇」がそれと深く関係していると思っていますが、悩みが悩みを生み、わだかまりがより深まっていく、というところが夜の時間帯にはあるのです。

眠れぬ夜を過ごして、朝、射し込んでくる陽光のもとで考えたら、「なんだ、たいした問題ではないじゃないか。なんであんなに悶々としちゃったのかな？」といった経験が、みなさんにもあるのではないでしょうか。

ものごとの判断も夜にすると誤りがちです。しかも、判断をするためにさまざまな考えを巡らせると、脳が活性化してなかなか眠りにつけなくなったりします。

ですから、**できるだけ「なにかを判断する状況をつくらない」のが、心静かに夜を過ごすコツ**といっていいでしょう。

ある有名な経済評論家の方が、ご自身の体験としてこんなことをおっしゃっています。以前は夜もテレビやインターネットから情報を集めていたそうですが、あるときから、それをやめ、夜はまったく情報を入れないようにしたそうです。すると、(翌朝には)それまで以上に頭が整理され、判断に迷うことがなくなった、というのです。

情報が入れば、いやでもそれについて考えたり、判断したりすることになります。情報を遮断する。

それが心静かに夜を過ごす大事なポイントになりそうです。

また、**自分にとって心地よいこと、リラックスできることに時間を使うのも有効な心静かに夜を過ごす方法**ではないでしょうか。

もちろん、心地よいこと、リラックスできることは人それぞれ違います。好きな本を読んでもいいし、気持ちが癒される詩集を開いてもいい。「音楽を聴くのがいちばん！」というなら、思う存分その時間にひたればいい。趣味のモノづくりを楽しみたいというなら、心おきなくそれをやればいいのです。

女性なら、気に入った香りのアロマを焚いたり、長めの半身浴をしたり、ということなるかもしれません。

心地よい時間を持てば、自然に心は静かに穏やかになります。そして、それが就寝前のあなたの習慣になったら、「夜坐」にも劣らない禅的な夜の過ごし方ができるはずです。結果的に質のよい睡眠も取れて、さわやかで清々しい朝が迎えられることは、いうまでもありませんね。

3章

「競争」から一歩離れると、うまくいく

人は人、私は私、という考え方

「勝負」にこだわらない

勝っても負けても同じ、ということ

「同期のあいつには絶対負けたくない！」

「今月は課内でトップの成績をあげた。どうだ！」

仕事には、なんらかの成果が求められます。とくにいまの時代は「成果主義」が幅をきかせていますから、ビジネスパーソンの誰もが成果にはことさら敏感にならざるをえないのでしょう。

そこで、誰かと「引き比べて」成果を考えるようになるわけです。

自分で自分を競争原理の中に投げ込んでいるといってもいいのではないでしょうか。

もちろん、競争は自分を高めるモチベーションになります。

しかし、**同時にすべての価値観が「勝ち」「負け」だけになって、同期の彼に勝ってすっかり有頂天になったり、成績が振るわないとひどく落ち込んだり、といった心の動揺や、一喜一憂にいつも振り回されることになります。**競争には間違いなくそうした側面があります。

仕事によるストレスのかなりの部分は、「勝ち」「負け」に対する過剰な意識が原因になっているのではないか、と私は思っています。

さらに、「勝ち」「負け」で頭がいっぱいになると、「勝つためには手段を選ばない」という気持ちがムクムクと湧き上がってきます。本来は同僚と共有すべき情報を独り占めにしたり、相手のミスをひそかに期待するようになったり……。

正々堂々に反する、そんな卑怯で未練がましいことは「恥ずべきこと」だと誰もがわかっているのです。

しかし、足を引っ張ったり、寝首をかいたりする、ということが珍しくないのが、悲しいかな、ビジネスの世界の現実になっているのではないでしょうか。

さて、ここからが問題です。

仮に手段を選ばず勝ったとして、すっきり勝利の美酒に酔うことができるでしょうか。勝ちを収めたら、それで「恥ずべきこと」をした後ろめたさは、きれいさっぱりなくなりますか？

そうはいきません。

手段を選ばずに勝ったような場合、必ずどこか心にしこりとして残る。

それが人間というものです。

そろそろ、「勝ち」「負け」へのこだわりを捨てませんか？

こんな禅語があります。

「八風《はっぷうふ》吹けども動《どう》ぜず」

生きているうちには、さまざまな風が吹きます。よい風が吹くこともあれば、悪い風が吹きすさぶこともある。しかし、いちいちその風に心動かされることなく、どんな風も楽しんでしまおう、というのがその意味です。

自分の成績が同僚を上回ったというときは、よい風が吹いていると感じ、逆に同僚に水をあけられたら、悪い風が吹いていると感じるかもしれません。しかし、それは「勝ち」「負け」ということではないのです。

そのときどきに、それぞれの風が吹いているだけのこと。ですから、どの風も自然に受け止めたらいいのです。

自然に受け止める、ということは、真摯《しんし》にその状況と向き合うことだといってもいいでしょう。

真摯に向き合うためには、目を外側の「誰か」に向けるのではなく、内側の「自分の心」に向けることです。

「今回の仕事に全力投球しただろうか？」

「あの段階で〝これでよし〟としてしまったけれど、もう少しできることが、なにかあったのではないか？」

もちろん、すべてに全力投球をした、持てる力を出しきった、と思える仕事はそうそうあるわけではないでしょう。心に問いかけてみて、**「まずまず、一生懸命やったな」と感じることができたら、それでいい**のです。

まさしく、それはそのときどきの仕事に対する「納得感」です。

「納得感」がなにより大事だ。私はそう思っています。

なぜなら、納得感があれば、どんな結果であっても、穏やかな心でそれを受け入れることができるからです。どんな風も楽しむ境地でいられるといってもいいですね。

さあ、目線を「外」から「内」に転じましょう。

「勝ち」「負け」の影がどんどん薄くなっていくでしょう。

コツコツ続ける

人の才能をうらやむ前にやるべきこと

「こちらは企画ひとつ出すのにも、四苦八苦しているのに、彼はいともも簡単に次々と斬新な企画を出してくる」

「いつも営業ノルマをぎりぎりクリアするのがやっとの自分と違って、なんであいつはあんなにラクラクとトップの成績を続けられるのだろう」

思い当たるな、という人は少なくないのではないでしょうか。人の才能がまぶしく見える、ということが誰にでもあるのだと思います。

しかし、まぶしい他人の才能をうらやんでも、なにも始まりません。才能にたじろいでいるのではなく、やるべきことはちゃんと他にあります。

自分のできる努力をコツコツ続ける習慣を身につける。その「習慣」によって、「才能」を超えることもできる。私はそう思っています。

禅の修行の本質も「繰り返し続ける」ことにあります。「制中《せいちゅう》」と呼ばれる修行期間のあいだ、修行僧はくる日もくる日も、厳しい修行に身を置きます。続けること一〇〇日間。毎日、同じことをしているうちに、坐禅も、読経も、お勤めも……修行生活のすべてが習慣となり、身についていく。「体が覚えてしまう」といったらわかりやすいかもしれません。

いくら経典を理解する「能力」にすぐれていても、そうした「努力」を怠っていたら、修行にはならない、悟りを求めて行く道を歩くことにはならないのです。

日本のプロ野球、米メジャーリーグで活躍し、数々の記録を打ち立てた、あの天才プレーヤー・イチロー選手の言葉にこんなものがあります。

「努力せずに、なにかできるようになる人のことを『天才』というのなら、ぼくはそうじゃない。努力した結果、なにかができるようになる人のことを『天才』というのなら、ぼくはそうだと思う。人がぼくのことを、努力もせずに打てるのだと思うなら、それは間違いです」

プロ野球選手に必要な才能をすべて独り占めにしている感さえある彼にして、努力なきところに、天才もまたなし、といっているのです。

禅にもこんな話があります。中国唐代に活躍した香厳智閑《きょうげんちかん》禅師にまつわるエピソードです。出家する前から聡明とうたわれ、博識を得ていた香厳禅師でしたが、師から与えられた公案（問答）の答えが見つからず、深く悩みます。

悩み抜いた香厳禅師は、いつまでも知識にとらわれている自分に気づき、そんな自分に失望して、書物をすべて焼き捨ててしまうのです。その後、禅師は昔から慕っていた、六祖慧能《えのう》の直弟子で一〇〇歳まで生きた南陽慧忠《なんようえちゅう》禅師の墓がある地に移り、墓守をして過ごします。

することといったら、毎日変わらない墓の掃除です。しかし、そんなある日、掃き掃除をしているとき、手にしていた箒が瓦のかけらを掃き飛ばし、それが竹に当たって音を立てます。

その音を聞いて、香厳禅師は悟りの境地に達するのです。このエピソードがもとになって生まれた禅語が「**香厳撃竹**《きょうげんげきちく》」。コツコツとたゆまず同じことをやり続ける、努力を続けることの大切さを教えています。

才能は生まれ持ったものかもしれません。しかし、「彼の才能が欲しい」「彼女の才能を分けてもらいたい」と思ったところで、いかんともしがたい。ですが、努力は自分の意志で誰にでもできます。

いとも簡単に営業成績をあげる〝あいつ〟のことなど気にしないで、朝、出社したら得意先にあいさつでも、雑感でも、ちょっとした情報でも、ワンフレーズのメールを打つなんてことから「コツコツ」始めてみることです。

一〇〇日続けたら、どこかで〝撃竹〟の音が鳴って、ノルマをはるかに超える実績をあげているあなたが、そこにいるかもしれません。

「おかげさま」を感じる

自分一人でできることなど、たかが知れている

私たち日本人には、「おかげさま」のＤＮＡが受け継がれています。

日本人は、従来、思いやりと感謝の心を持った民族でした。国を支えていた農業は共同作業が基本。田畑の水も力を合わせて整備して引き込み、手が足りなければ隣近所が手を貸す、といったことが自然に行なわれてきたのです。

その底を流れていたのは「ありがとう」「おかげさま」という感謝の思いでした。しかし、時代が移り変わる中で、しだいにそうした思いは失われていき、いまは「自分が、自分が……」という我欲が広くはびこる社会となってしまっているのではない

でしょうか。

それがもっとも顕著にあらわれているのがビジネスの世界かもしれません。かつてはチームワークで仕事に取り組み、それぞれが持ち場で自分の力を発揮して、成果を出してきた日本型の仕事のやり方は、すっかり影をひそめ、代わって成果主義が大きく幅をきかせています。

「自分の成績を上げることが最優先」
「自分の成績さえ上がればいい」

という考え方は、個人主義を徹底させ、我欲を加速させます。その結果、他人の足を引っ張ってでも、ライバルの寝首をかいてでも、とにかく成果を上げさえすればいい、という仕事のスタイルが横行することになっているのではないでしょうか。

ただし、最初にいったように、私たち日本人には、「おかげさま」のＤＮＡが受け継がれています。

二〇一一年三月一一日に起きた東日本大震災の被災地には、故郷の土地を根こそぎ奪われ、大切な身内を何人も失い、生活の糧をなくしてなお、救援にあたる人たちに感謝を口にする大勢の人たちの姿がありました。

世の中、まだ捨てたもんじゃない、のです。

「相利《そうり》共生《きょうせい》」という言葉があります。

お互いの利益になることを考え、そのために行動をし、共に生きていこう、というのがその意味ですが、これは禅の考え方とも合致しています。

ところで、**「おかげさま」のもともとの意味を知っていますか？　その語源は「ご先祖様」なのです。**すでに亡くなられて、この世にはいませんが、そうして蔭に隠れている方々の庇護のもとで、その協力をいただいて、いま私たちは生かされている。そのことに感謝の気持ちを差し上げるのが「おかげさま」（お蔭様）という言葉なのです。

自分は一人で自立して生きていると感じているかもしれませんが、私たちには両親がいます。その両親にはそれぞれ二人ずつ四人の親がいます。

そうして一〇代さかのぼると一〇二四人、二〇代さかのぼると一〇〇万人を軽く超えるご先祖様がいるのです。

　そのうちの一人でも欠けていたら、いまの自分はありません。ご先祖様が欠けることなく命をつないできてくれたからこそ、いまここに命をいただいた自分がいる。そう考えたら、**一人で生きているのではなく、ご先祖様のおかげで生かされている**、という気持ちにならないでしょうか。

　仕事だって同じです。**いくら「能力自慢」とうぬぼれても、一人でできることにはおのずと限界があります。**

「自分が、自分が」で突っ走っているだけでは、大きな仕事はできません。いずれは手に余る仕事に直面して、「一人じゃだめだ」ということを思いしらされることになる。そこでぶち当たる壁は決して小さなものではないでしょう。

　どんな仕事も「おかげさま」で成り立っていることに気づいてください。「自分がまとめた契約」も、一人だけの成果ではありません。交渉の段階で必要な資料を準備してくれた人はいませんか？　企画書をパソコンで手際よくつくってくれた人はいませんか？　交渉相手からの電話を取り次いでくれた人はいませんか？　社内での商談のときお茶を運んでくれた人はいませんか？

その人たちの「おかげさま」で契約は成立したのです。その「おかげさま」を感じることができる人は、周囲から「あの人だったら、支えてあげよう」と思ってもらえる人です。周囲の協力を得て、さらに大きな仕事ができる人です。

まだ、「自分が、自分が」を続けますか？

「いい言葉」を使う

●言葉には、恐ろしいほどのパワーがある

「悪事千里を走る」という諺がありますが、陰口、悪口の伝播速度も速いのです。陰口、悪口で盛り上がったツケは必ず回ってきます。

陰口をたたいた分、悪口をいった分、どこかで自分もその俎上《そじょう》にのせられているものです。

そればかりか、仲間内でひそかにこき下ろした上司の耳に、その内容がすっかり届いていて、関係がギクシャクしたものになり、自分の立場が危うくなる、といったことも珍しいことではありません。

禅には「愛語《あいご》」という言葉があります。

相手を慈しみ、その心で語りなさい、と説いています。

「愛語は愛心より起こる、愛心は慈心を種子《しゅうじ》とせり。愛語よく廻天の力あることを、学すべきなり」

これは、『正法眼蔵《しょうぼうげんぞう》』の中にある道元禅師の言葉です。**相手に慈しみの心を持って語る愛語は、天地をひっくり返すほどの力がある、**というのがその意味。この愛語のパワーは、ぜひ、知っておいてください。

ただし、相手に親愛の情を持っていることが伝わる軽口や、ユーモアを感じさせる他愛のない悪口なら、問題にはなりませんし、かえってその場を和ませたり、より楽しいものにしたりする効果もありますね。

もちろん、一〇〇パーセントいいところばかりという人はいません。誰にでも悪口のタネはあるものです。しかし、一〇〇パーセント悪いところばかりという人もいないはずです。

ここはひとつ、宗旨替えをしませんか?

目を転じて、相手のいいところ、長所を見つけて、そこを褒めるのです。褒められて気分を害する人はいませんから、相手からも褒め言葉が返ってきます。

大事なのは、「とにかく相手を持ち上げておけばいい」という安易な褒め方はしないこと。これは鉄則です。

いわゆる、見えすいたお世辞、おべんちゃらでは、相手の心に届きません。自分がほんとうに「いいなあ」と感じるところを見きわめて、心から褒めるというのでなければ、意味はないのです。考えてみると、人間は案外褒めるのが苦手です。ドイツの文豪ゲーテにこんな言葉があります。

「なぜ、このように悪口が絶えないのか。人々は他人のちょっとした功績でも認めると、自分の品格が下がると思っている」

耳が痛いという人は少なくないはずです。なぜか人を褒めると自分が一段下に下がったような気になったりするのです。

しかし、率直に褒め言葉をかけ合える関係、お互いのよいところを認め合えるおつきあいこそ、心を豊かにするのです。

妙なプライドやこだわりは、さっさと捨ててしまいましょうよ。

中国の史家司馬遷《しばせん》はこういっています。

「君子は交わり絶ゆとも悪声を出《い》ださず」

たとえ、相手との関係が切れたとしても、決して悪口をいわないのが、君子のふるまいだ、というわけです。

みごと。かくありたいものですね。

若い人に任せる

あなたの出番はまた必ずやってくる

いつまでも仕事の最前線に立っていたい――。

ビジネスパーソンは誰もがそう思うのかもしれません。もちろん、ポストによって最前線の場所も違えば、仕事の内容も変わってくるわけですが、いずれにせよ、いつまでも他を圧する存在感を持ち続けていたい、というのがその本音なのでしょう。

しかし、パソコンやタブレット端末に代表されるように、ビジネスツールは進化し、次々に新しいものが登場しています。

仕事の環境によっては、若い世代と同じように、ＩＴ機器を使いこなせることが、最前線に立つ条件になることもあるでしょう。

それらの扱いに精通すべく努力するのはいいのですが、やはり、アナログ世代には手に負えないということもあると思うのです。

事実、企業にパソコンが導入された時期に、うまく使いこなせないことがストレスになり、自律神経失調症になったり、体調を崩したりする中高年のビジネスパーソンが、数多くあらわれました。いわゆる、テクノストレスの中のテクノ不安症と呼ばれる症状ですね。

存在感とは、なにも部下や後輩をしのぐ仕事の技術や能力を持っているから発揮されるものではないのです。ある技術にすぐれた部下がいれば、その部分はその人に任せればいいし、自分が持ち合わせていない能力が必要なら、それを持っている人を自分が指揮するプロジェクトやチームに加えればいいのです。

「任せる」ことによって人を育て、目的に沿った的確なチーム編成をする。それがある程度のポストにいるビジネスパーソンの存在感ではないか、と私は思います。

さらにいえば、最前線からあえて後方に退いて、それまで自分が積み上げてきた経験から、必要なときに的確なアドバイスをする、仕事の進行をチェックして、必要に応じて方向性を指示したり、軌道修正をしたりする、といったこともおおいに存在感の見せどころだと思います。

「閑古錐《かんこすい》」という禅語があります。

「閑」は閑古鳥が鳴くという言葉もあるように、閑（ひま）ということ。「古錐」は古くなった錐《きり》のことです。つまり、古びて先が丸くなり、使われなくなった錐を閑古錐というのです。

新しくて切っ先鋭い錐なら、素早くいとも簡単に穴を開けることができます。しかし、鋭いだけに人を傷つけることもあります。

一方、長いあいだ使い込んで刃先が丸くなった錐は、穴を開けることだけを考えたら、いかにも使い勝手が悪いものです。ただし、人を傷つけることはないし、なんともいえない趣、風情があります。

人間も歳を重ねると、若い世代ほどの機動力も行動力もなくなります。新技術といったものも習得できないかもしれません。しかし、長年にわたって積み重ねてきたさ

まざまな経験の厚みがあります。

そのなかには、若い世代では初めて遭遇するようなむずかしい交渉を乗りきったものもあるでしょうし、うまくトラブルを回避したものもあるでしょう。そんな困難やトラブルの前で若い世代の足が竦《すく》んでしまっている。

そんなときこそ閑古錐の出番です。

「こんなときこそ、私の経験を話そう」と、時機を得て経験を語る――。

そんな「閑古錐」の生き方は、深い円熟の味わいを感じさせますね。

どんな境遇も受け入れる

●順境もよし、逆境もまたよし

「えっ、地方の営業所に転勤？　な、なんで私が！」

「どうしていつも自分ばっかりがこんな目に遭わなきゃいけないんだ……」

思いも寄らない境遇に置かれたら、誰でも〝怨み節〟が口をついて出ることになるでしょう。

この例のような、地方への転勤という大変化でなくても、営業をやりたいのに総務部に配置された、企画力で勝負したいのに異動先が経理部だった、といったことが怨みのタネ、嘆きのタネになる。

自分を取り巻く環境はつねに変化していくものです。国内経済がまだまだ闇を抜け出せないいま、仕事の環境はとりわけ大きな変化にさらされているかもしれません。しかし、それは至極当然のことなのです。

仏教の「諸行無常」という言葉は誰でも知っているでしょう。

この世の中のありとあらゆるものはつねに移ろいでいて、一瞬たりともとどまっていることはない、という意味ですね。**私たちはいつも変化の中で生きています。**

しかし、そうはいっても、よい変化は喜んで受け入れる一方で、悪い変化は受け入れがたい、というところがあるのも事実。

しかし、そこで**いくらクサろうが、クヨクヨしようが、境遇が変わることはありません。**それどころか、マイナスの気分がどんどん高じていきます。嘆きのスパイラル、怨みのスパイラルが起きて、心は負の袋小路に入ってしまいます。

こうは考えられないでしょうか。

どんな境遇にあっても自分を活かすことはできる、そこでの経験が、将来、飛躍のバネにもなるし、生きる糧にもなる……と。

次に紹介するのは、松下幸之助さんの言葉です。

「逆境もよし、順境もよし、要はその与えられた境遇を素直に生き抜くことである」

まさに至言です。

素直に生きていたら、よい境遇も悪い境遇もないのです。

そこにはただ、一生懸命に生きる「場所」があるだけです。

実際、地方勤務になったとき、「よし、ここで幅広い人脈を築いていこう」と考えたら、対人関係にも熱が入るし、一つひとつの対応も丁寧なものになるはずです。気持ちだってグングン前向きになっていくでしょう。

どんな業種であっても、地方に信頼関係で結ばれた人がたくさんいるということは、大いなる武器にもなり、財産にもなるでしょう。

あるいは、経理部でしっかり仕事をして経理関係の知識を蓄えることは、将来、企画を手がけるようになったときに活きないでしょうか。経理の知識に裏打ちされた、コスト意識が明確な企画は実現性が高いはずです。

禅ではこういっています。

「日日是好日《にちにちこれこうにち》」

これは毎日がよい日ばかりだという意味ではありません。人生には晴れの日もあれば、雨の日もある。穏やかな日射しに包まれることもあれば、吹きつける寒風に身をすくめることもあります。しかし、いずれの日にも、あなたはその日でなければできない実体験をする、かけがえのない経験を積む。ですから、すべてが有意な「好日」なのだ——というのがこの禅語の意味するところです。

境遇があなたの生き方を左右するのではありません。
あなたの生き方によって境遇はどんなものにでもなるのです。

今日やるべきことは、今日やる

●人生を窮屈にしないための極意

「忙しい」

「時間が足りない」

「時間に追われてしまう」

そう感じているビジネスパーソンは少なくないでしょう。

日本人は勤勉な国民ですから、仕事のしすぎという面はあるにしても、なかなか時間的な余裕が持てないというのが実情ではないでしょうか。

その結果、仕事を積み残してしまい、開き直るしかなくなるわけです。

「どうしても今日やらなければいけないということもないし、あとは明日でいいや、明日で……」

しかし、実は、それがますます時間を窮屈にしているのです。**今日やるべきことを明日に持ち越せば、明日の時間はその分だけ窮屈になる。**そんなことが繰り返されていけば、最後には、「ああ、間に合わない！」「もう、時間切れだ！」ということになって、心に余裕をなくし、イライラし、あせりにさいなまれるのは必定です。

「歳月人を待たず」という言葉は誰でも知っているでしょう。

時間は人の都合に合わせてはくれない、どんどん過ぎていって人は置き去りにされる、といった意味です。

仏教でいう「無常」も同じことです。

この世の中は一瞬たりともとどまっていることはなく、常に移ろいでいるのです。すでに移ろいでしまった時間は二度と戻ってくることはありません。

そんなことはあたりまえ、わかりきっているというかもしれませんが、あたりまえすぎて、案外、意識の外に置かれてしまうのです。あらためて肝に銘じる必要がある、と私は思っています。

今日なすべきことは、今日やってしまう。これが時間に追われないための、時間を窮屈にしないための秘訣であり、これ以上ない極意です。

白隠慧鶴《はくいんえかく》禅師といえば、臨済宗中興の祖として知られていますが、その白隠禅師の師匠にあたるのが正受老人《しょうじゅろうじん》（道鏡慧端《どうきょうえたん》という老僧）。正受老人の厳しい指導によって、白隠禅師は悟りを得たとされています。正受老人にこんな言葉があります。

「一大事と申すは、今日只今の心なり」

もっとも大事なことは、今日只今を、すなわち、一瞬一瞬を精いっぱいの心で生きることだ、という意味でしょう。

精いっぱいの心で生きるとは、なすべきことをなす、ということだと思います。さらに、正受老人はこんなこともいっています。

「如何ほどの苦しみにても、一日と思へば堪え易し」

どんなに苦しいことでも、この一日にやるべきこと、今日しかやるときはないのだ、と思っていれば乗り越えられるものだ、というのがこの言葉のいわんとするところ。

この言にならえば、「明日でいいや」と考えたら、堪え難いものになる、ますます苦しくなる、ということですね。

先延ばしにしたからといって、その仕事をしなくてすむわけではありません。いずれ必ずしなければいけないのです。しかも、時間はどんどん窮屈になります。**いただいた仕事は、手がかかるとか、ラクにできるとか、そういう基準でなく、「順番」にどんどん仕上げてしまう。それが私の流儀です。**

寺の住職ですから、いつご葬儀が入るかわかりません。もちろん、ご葬儀は最優先で取り組むべきこと。その間はほかの仕事はできません。安易に手がけて中途半端なかたちで残しておくと、再びその仕事にとりかかったとき、流れが途切れているため、きわめて効率が悪くなるのです。

だから私は、長期間にわたる仕事の場合は、「ここまでは今日やる」と決めたら、必ず、その日のうちに決着をつけるようにしています。

私は住職のほかに庭園デザイナーとしての仕事や本の執筆、大学での教鞭、そのほかにも諸々しなければならないことがありますから、周囲からは、「一日が二四時間じゃ足りないでしょう？」などといわれますが、私自身には時間が足りない、時間に追われている、という感覚はありません。

今日なすべきことは、今日やってしまうこと。

さあ、あなたの目の前にあるその仕事に決着をつけてしまいましょう！

簡単に逃げない

失敗したって、命までとられるわけじゃない

失敗したくない。誰もがそうでしょう。しかし、失敗を恐れれば、仕事に対して消極的になります。新たな分野を切り拓くといったチャレンジ精神はなりをひそめ、安全第一で、どこにもアグレッシブなところが感じられない、という仕事ぶりになりかねないのです。

石橋を叩いて渡る慎重さは必要ですが、叩いても渡らない、いや、渡れないというのでは情けない保身の姿でしょう。それでも失敗することはあります。すると、今度は失敗を知られないようにしよう、隠そうという行動に出たりする。これは最悪です。

小さな失敗でもそれを隠すと、必ず大きな事故につながります。

どんなケースでも、失敗したときの最良の対応は、ただちに、率直に、謝ることです。隠しとおせたとしても、うまく糊塗《こと》したとしても、失敗したという事実は変わらないのです。そこから仕切り直しをして、善後策を講じるほかありません。

その際、当事者の潔く非を認める姿勢は、関係者が一致団結してことにあたる気持ちになるために必要だと思います。隠そうとしていたのに、結局、露見するハメになった、というのでは、誰だって協力する気にはなりませんよね。

失敗したって、なにも命までとられるわけではない。開き直るのではなく、そのくらいに腹をくくってかまえていたらどうでしょう。

禅語に「**本来無一物**《ほんらいむいちもつ》」というものがあります。人間は本来、なにひとつ持たずに生まれてきたのだ、それが人間の本来の姿なのだから、執着するものなどどこにもない、という意味ですね。

現在就いている仕事を失いたくない、というのも「執着」です。現実問題として職を失ったら、生活をどうするかなどの問題はありますが、**それはそうなったときに考**

えればいい。莫大な損害を与えたとか、会社全体の名誉を汚したとかの場合は別ですが、企業側が一度や二度の失敗ですぐ解雇にするということは、そうそうあるケースとは思えません。

仮に解雇になったとしても、本来の姿に戻っただけ、振り出しに戻っただけのことなのです。そして、そこから始めるだけの力は誰にでも備わっています。

会社に居続けたい、いまのポジションにしがみつきたい、という執着を捨ててしまえば、失敗を恐れることもなくなり、仕事に積極的に取り組めますし、自分を表現することも、能力を発揮することもできます。

結果として、仕事の成果も上がることになるのです。日本航空に乗り込み、再建に取り組んだ稲盛和夫さんは、禅宗の得度も受けている人ですが、こんなことをいっています。**「世の中に失敗というものはない。チャレンジしているうちは失敗はない。あきらめたときが失敗である」**。

「本来無一物」が自分の姿だということを肝に銘じ、恐れず、チャレンジを続ける人であってください。

もっと「寛容」になる

人は人、自分は自分、それでいい

十人十色。十人の人間がいれば、一人ひとり人格も個性も違うということです。きわめて当然の話で、そのことを真っ向から否定する人はいないでしょう。

そうであるなら、会社で一緒に仕事をする上司も部下も、それぞれに違う人格と違う個性の持ち主のはず。人生観もいろいろに決まっています。

ところが、自分と違う人生観を持っている人に対して、ときに苛立ちを覚えたりするのが人間です。

たとえば、マイホーム主義の上司を見ると、

「まったく、そこまで家庭が大事かな。俺たちが仕事をしているのに、さっさと『お疲れ』だからね。あれでよく課長だなんていっていられるよな」

といった嘆きが口をついて出る。

一方の上司は、快楽を求めるのを生きがいとしている部下に対して、

「あいつ、あんなことでいいのかね。毎日のように遊び回っていて。少しは貯金でもしておかないと将来たいへんなことになるぞ」

などと批判の矛先を向ける。

一事が万事で、ものごとにこまかい上司には舌打ちをし、ずぼらな部下には蔑視の目を向けたりすることになるわけです。

しかし、あらためていいますが、十人十色ですし、人生いろいろなのです。**他人の人生観がどうであろうと、それをあれこれあげつらうのは「筋違い」です。**もちろん、仕事をするうえで支障をきたすということなら、なにごとかをいう必要があると思いますが、そうでない限り、それぞれの人生観は認めるのが原則でしょう。

そのことを、案外わかっていないことが、仕事上の人間関係のトラブルの原因にな

っているような気がするのです。

上司や部下に対する不平不満の根っこに、自分の人生観の押しつけがないか。それを考えてほしいのです。

相手の人生観を認める。そうすれば、わだかまりなく、すっきり、心軽やかに毎日を過ごすことができます。

さらに、**お互いの得手、不得手も認め合うのがいい**と思います。

どんな業種でも仕事の中身は多岐にわたります。一般的なことをいえば、企画部門があり、営業部門があり、技術部門があり、経理や総務といった部門もある。

また、企画といっても、立案して企画書をつくりあげる仕事もあれば、プレゼンテーションを行なうという仕事もあるわけです。それぞれに得手、不得手があります。

それなのに、たとえば、こんなことにもなります。

「こっちが必死の思いで企画書をつくり上げているのに、あいつといったら、それをもとにペラペラとプレゼンでしゃべって、評価もされて、割に合わないよな」

いいじゃないですか。企画書づくりが得手なら、自分はそれに集中して、しゃべり

のうまい人にプレゼンを任せれば。手柄を奪われたと思うから腹が立つのです。そうではなくて、

「企画書づくりは俺に任せろ。すごいのをつくってやるから。その代わり、プレゼンはしっかり頼む」

と、**それぞれが相手の得意分野を認め、不得意分野は任せきってしまえば、お互いに気持ちよく仕事ができる**のです。

営業にしても、緻密に計算ができて商談をまとめるのがうまい人もいれば、おおらかで芸達者、接待ならお手のものという人もいるのではないでしょうか。

得手、不得手を認め合えば、うまい具合に役割分担ができて、仕事は効率的に、生産的になると思うのです。そのほうが、結果として、あなたのためになるはずです。

もっとも、成果主義全盛のいまは、一人でなにもかもできるオールラウンドプレーヤーでなければ、生き残るのはむずかしいという面はあるかもしれません。

しかし、時代とともに仕事のスタイルも変わっていきます。少なくとも、私は「分担制」が日本の風土に合っていると思います。日本人の強みが出せる仕事のスタイル

だ、と思っています。

もうひとつ、付け加えておきたいのは、**自分には厳しく、相手には寛容な姿勢が仕事をうまくすすめるうえで求められる**ということです。

江戸時代の儒学者であり、本草《ほんぞう》（中国古来の薬物学）学者でもあった貝原益軒《かいばらえきけん》にこんな言葉があります。

「聖人をもってわが身を正すべし、聖人をもって人を正すべからず。凡人をもって人を許すべし、凡人をもってわが身を許すべからず」

この箴言を心に刻んでおけば、上司や部下との関係でも怖いものなし。ラクラクとこなしていけますね。

「流れ」に任せる

「孤独」はいいけど、「孤立」はいけません

「男は一歩外に出ると（敷居をまたげば）七人の敵がいる」という言葉があります。ある年代以上の人は聞いたことがあるはず。世間はそれほどに厳しいのだ、ということを比喩的にいったものですが、なかには、文字どおり、周囲にやたらと敵をつくっているという人もいるようです。

仕事を強引に進めるのがそのタイプの特徴でしょう。もちろん、能力がそれなりにあって、多少の軋轢《あつれき》が生じてもものともしないということなのだと思いますが、その軋《きし》みはいつか、自分の行く手を阻むものにならないでしょうか。

それまでにないような大きなプロジェクトを進める段になったら、足元は敵だらけでチーム編成もままならず、身内からも、「自分の思いどおりじゃないと気に入らないなら、ひとりで勝手にやったら？　いまさら、一致団結なんて言葉は使わないでほしい」といった声なき声が聞こえるといったことになりかねないのです。

まあ、組織ですから、チームとしてのかたちは、一応整うかもしれませんが、手となり足となり働いてくれるはずの部下が、〝面従腹背《めんじゅうふくはい》ぞろい〟といった状況では、成果のほどは容易に想像できるところでしょう。

人の上に立つ人は本来「孤独」なものだといわれますが、「孤立」してしまっていてはいけません。それでは、その役割を果たすことができず、あせりやイライラが募るばかりとなります。

ものごとには、すべて、力づくではどうにもならない「流れ」というものがあります。流れに任せる。水は岩があればそれと争うことなく、わずかに方向を変えて行き過ぎます。しかし、〝目標〟は誤ることなく、最後は大海へと流れ込んでいくのです。

「流れに任せるっていうと、聞こえはいいけど、結局のところ、確固とした自分がないってことじゃないのか?」

そう思いますか? **流れに任せるというのは、ただ流されるままになることとは違います。**流れの方向を見定め、速さも読みきって、そのうえで、むやみに流れに逆らわず、みずから、すなわち、〝確固たる自分〟として流れとともにゆく。任せるとはそういうことだと思います。

「柔軟心《にゅうなんしん》」という禅語があります。やわらかい心、しなやかな心で生きなさい、と教えています。自分を断固貫くという生き方は、勇ましくて、周囲から見てもかっこよく映るかもしれませんが、ともすれば、心の不安定化、硬直化につながっていきます。

そうなると心は視野を狭めますし、行動にもブレーキをかけることになります。どうにも身動きできない状態というのがまさにそれでしょう。部下の総スカンの中で地《じ》団駄《だんだ》を踏んでいる上司の姿はそれにピタリと重なりますね。

柔軟心を持って水のごとく、流れに沿って生きませんか?

うまく話そうとしない

誠意のある「沈黙」をしよう

この項では、「沈黙のすごさ」についてお話ししたいと思います。

いまの若者世代はこんな諺を知っているでしょうか。「口八丁手八丁」。しゃべることも、やることも達者という意味。話はうまいし、行動にもソツがないということですね。世渡り上手という言い方ができるかもしれません。

うまく話せることは、人間関係を築くうえでも、また、仕事を円滑に進めるうえでも大切だ、と考えている人は少なくないはずです。

思わず引き込まれてしまう巧みな話しぶりは、たしかに人間的な魅力のひとつでしょう。仕事でも話し方ひとつで成否が決まるといった状況はあります。

そこで、うまく話せないことがコンプレックスになったり、自信のなさの原因になったりするわけです。「話し方」に関する本が書店に溢れかえっているのも、その証左でしょうね。

しかし、禅はそうではない、と教えます。

「不立文字《ふりゅうもんじ》、教外別伝《きょうげべつでん》」という禅語があります。ほんとうに大事なことは文字や言葉にはならない、仏様の教えの真髄は、（経典の）文字や（説法の）言葉で伝えることはできない、ということです。

これは禅の根本原理といってもいいでしょう。

私がデザインをしている「禅の庭」、とくに「枯山水《かれさんすい》」と呼ばれるものは、主に石と白砂で構成されています。どこに石を配するか、その数はどうするか、白砂にはどんな模様（砂紋）を描くか……。

もちろん、それらも大事ですが、もうひとつ、「枯山水」の構成で大きな要素になるのが、なにもない空間、すなわち**「余白」**です。

「禅の庭」の前に立ったときに感じる、静けさや深み、落ち着きや広がり、といったものは、石と白砂、そして余白が響き合ってこそ醸成され、伝わってくる。空間表現にとって余白の持っている〝表現力〟は不可欠なのです。

日本の伝統芸能である「能」でも、動かない瞬間、「間《ま》」が大きな意味を持っています。観衆は動きが止まっている間に息を詰め、その意味を感じとります。

あるいは、古典芸能である落語でも、間にドッと笑いが起こったりするのは、みなさんもよくご存知ですね。

余白、間は、言葉でいったら「沈黙」です。

沈黙には大いなる表現力があります。

ときには言葉よりもずっと気持ちや思いを伝えることができるのです。

仕事の場面でも、自社製品のメリットを、まさしく立て板に水のようにまくし立てるよりも、相手の求めていること、要望にじっくり耳を傾けることのほうが、好感を持って受け止められることがあると思いませんか？

セールストークは、どちらかといえば、前者に流れがちです。ですから、お客にとっては〝押し売り〟にしか思えないということにもなる。

「はい、はい。例によって〝いいところ〟〝メリット〟のオンパレード。こっちの要望なんて聞きやしない。こういうのを押し売りっていうんだよ」

お客がそんなふうに受け取っているとしたら、せっかくの話し上手もまったく功を奏しているとはいえませんね。巧みな言葉が上滑りしてしまっている状態といってもいいのではないかと思います。

一方、後者からは必ず伝わるものがあります。なにが伝わるのか。「誠意」がそれです。本当に実力のある、結果を出しているセールスパーソンは、ほとんどがこちらに属しているのです。

「こちらの話を真剣に聞いてくれると同時に、こちらが望んでいることを、なんとか汲み取ろうとしてくれている……」

お客がそんなふうに受け止めたら、必ず、人としての信頼感につながっていくはず。**お客は、「この人がいうのなら信頼できる」「この人がいうのなら間違いない」と思えるセールスパーソンから買いたいのです。否、そういう人からしか買いたくないので**

す。

セールスに限らず、仕事をするうえでもっとも大切なものが、「信頼」であることに異を唱える人は、おそらくいないのではないでしょうか。

巧みなだけで、あるいは、巧みであるがゆえに、上滑りする言葉の羅列ではなく、誠意のこもった沈黙がそれをもたらす。そうだとしたら、無理にうまく話そうとしなくてもいい、ということになりませんか？

禅には沈黙の〝すごさ〟を示すエピソードもあります。

「維摩《ゆいま》の一黙《いちもく》」と呼ばれるものがそれ。維摩居士《こじ》は在家の仏教信者ですが、あるとき文殊《もんじゅ》さんから問答をしかけられ、沈黙で答えるのです。その一黙は**「響き雷鳴の如し」**と表現されています。

雷鳴が轟《とどろ》くようなインパクトを持った沈黙も、また、あるのです。

話すのが苦手だって、そう、大丈夫、大丈夫！

呼吸を整える

イライラ・クヨクヨが消える「禅の呼吸法」

私たちは、たとえば仕事に対して、気力が充実してハイテンションで臨めるときもあれば、いまひとつ気持ちが乗らずにモチベーションが低いままに臨まざるをえないこともあるでしょう。

成果が上がって喜びがいっぱいに溢れることも、上司に叱責されて辛さを噛みしめなければならないことも、腹に据えかねることがあって怒り心頭に発することもあると思うのです。

そのときどきの「心の動き」は、行動にも影響します。もちろん、心の動きに振れ幅があるのはいいのです。しかし、それがあまり大きすぎると、少しやっかいなことになります。

「あの人はすぐ有頂天になるから、あまり調子に乗せないほうがいい」

「彼女は気分屋でいうことがころころ変わるから、真に受けないほうがいいわよ」

周囲にそんな印象を与えてしまいかねないからです。

禅語の「**平常心是道**《びょうじょうしんこれどう》」は、いつも穏やかな心で、静かな心でいることの大切さをいっています。**心の振れ幅を小さくしなさい**、ということでしょう。

そのために意識してほしいのが「**呼吸**」です。

禅には「**調身**《ちょうしん》、**調息**《ちょうそく》、**調心**《ちょうしん》」という言葉があります。それぞれの意味は、順に姿勢を整える、呼吸を整える、心を整える、ということです。

これらは三位一体ですから、互いに深く連動し合っています。つまり、呼吸を整えるためには先ず、姿勢を整えなければなりません。**姿勢が整い、そして、呼吸も整い、心も整ってくるのです。**

頭にカッと血がのぼるようなことがあったら、まず、呼吸です。

丹田《たんでん》（おへその下約七・五センチメートル）に意識を集中して、おなかにある空気を全部出すようなつもりで、息を吐ききります。**吐ききることが大事。**「呼吸」という字は、「呼」、吐くという意味の字が先にきています。吐ききることができたら、吸うことを意識しなくても、空気は自然に入ってきます。

この丹田呼吸（腹式呼吸）を数回行なうためには、まず背筋をピンと伸ばし、シャキッと姿勢を整えなければなりません。前のめりになっていたり、かがみ込んだ姿勢でいたりしては、丹田呼吸はできません。**丹田呼吸をすると、怒りのために肩に入っていた力が抜け、力んでいた心もふっとほどけて、ゆったりと整ってくるのです。**

すると、余裕を持って相手に向き合うことができます。不愉快な相手の言動も、少し高みから見られるようになる。そう、同じ土俵に上がって、〝売り言葉に、買い言葉〟のバトルをするなんてアホらしい、と感じられてくるのです。

前述の板橋興宗禅師は、常々、こうおっしゃっておられました。

「怒りの感情は頭にまで上げるな」

怒りを「腹に収めて」おけば、激しい感情に駆られて、いわなくてもいいことをいってしまったり、しなくてもいいことをしてしまったりすることはなくなる。そのうちに、腹にある怒りも自然に消えてなくなる、ということでしょう。

板橋禅師はさらに、**「ありがとさん、ありがとさん、ありがとさん」と三回、心の中で唱える**のだそうです。なるほど、これなら〝怒り対策〟は万全、穏やかな心を保っていられそうな気がしてきませんか?

みなさんも、自分なりの、なにかとっておきの「呪文」を持っておくといいかもしれませんね。好きな言葉でもいいし、気持ちを癒してくれるフレーズでもいい。もちろん、禅語の「平常心是道」を唱えたっていいのです。

怒りだけではありません。**よいこと、嬉しいことがあって、気持ちが舞い上がりそうなときも「呼吸+呪文」です。**喜びの表現も抑制がきいているほうがいい。はしゃぎすぎは周囲の人の眉をひそめさせるだけです。そういえば、こんな言葉もある。

「勝って驕らず、負けて腐らず」

穏やかな心、静かな心で生きていきましょうよ。

家の中の〝空気〟を変える

まずは、朝起きたときから

日々、安らかな心で過ごすためには、いくつか条件があると思います。**「自分の居場所がある」**ということも重要な条件のひとつでしょう。さて、あなたにはたしかな居場所があるでしょうか。

仕事を持っている人の場合、おそらくは一日のうち少なくとも八時間程度はそこにいる仕事場が居場所だと感じているのだと思います。しかし、その居場所はちょっとニュアンスが違いませんか？

心が安らぐどころか、神経をすり減らしたり、尖らせたり、高ぶらせたりして、心を波立たせる場所になっているのが一般的な仕事場なのではないでしょうか。社の内外の人たちとしのぎを削り合うのがビジネスですから、考えてみれば、それはむしろ当然のことといっていいでしょう。

しかも、リストラや派遣切りが日常茶飯事になっている現在では、その「居場所」をいつ失うかわからないのです。

では、仕事を終えてからの時間の多くを過ごす家庭が居場所になっているかといえば、こちらはさらに心もとない。いまや一家団欒は夢のまた夢、家族の会話もほとんどなく、それぞれが思い思いに食事をして、個々別々に時間を費やしているというのが、この時代の家庭の風景なのではありませんか?

そこで、こんな声が聞こえてくることになるのかもしれません。

「居場所といえるのは、そうだな、仕事帰りに一杯やる焼鳥屋くらいかな」

なるほど。しばしの安らぎは得られるとしても、それではちょっと寂しい。

「帰家穏坐《きけおんざ》」という禅語があります。

その意味は、平たくいえば、**わが家に帰ってゆったりとあぐらをかいたときにこそ、**

心がどこまでも安らかで穏やかな世界が広がっている、ということです。

さらに禅の本質からいえば、**わが家という言葉には、誰の中にも備わっている仏性、つまり、本来の自己という意味も込められています。**すなわち、自分の仏性に目覚める悦びを示した言葉なのです。

本来、「家」とはそうした場所、自分の居場所にもっともふさわしい場所なのです。

ここはひとつ、少し性根を据えて「家」を見直してみませんか？

〝再建〟はそう簡単なことではないかもしれませんが、禅の根本は「実践」にあり。頭を抱えて、あれこれ考えあぐねているより、まず、手をつけられそうなところから再建策を始めることです。

朝、起きたら大きな声で「おはよう」と家族に声をかける、家族が自分のためになにかをしてくれたら、「ありがとう」と感謝する……。

初めは、「えっ、どうしちゃったの？」という怪訝そうな空気が流れるかもしれません。しかし、一週間、一〇日と続けていると、必ず、その空気はやわらかくて、あたたかいものに変わります。居場所の土台が築かれるといってもいいでしょう。

禅の修行のあり方を定めた『百丈清規《ひやくじようしんぎ》』をつくったことで知られる百丈懐海《ひやくじようえかい》禅師にまつわるこんなエピソードが伝わっています。

ある禅僧が百丈禅師にこう問います。

「いかなるか是《これ》奇特のこと」

この世の中でもっともありがたいことはなんですか、と聞いたわけです。そのときの禅師の答えがこれ。

「独坐《どくざ》大雄峰《だいゆうほう》」

いまここで独り座っていること、すなわち、坐禅をしていることが、いちばんありがたいことだ、という意味ですね。

大雄峰は百丈禅師が住職をされていた場所、すなわち、寺のことです。禅僧にとって寺はわが家にほかなりません。「ありがたい」のはそこ（家）にこそ大いなる安心が、言葉を換えれば、悟りがあるからだ、ということはいうまでもないでしょう。

やはり、**家は大安心の居場所なのです。その「ありがたさ」は年代を経るごとに増してきます。**仕事の第一線を退いたときのことを考えてみてください。一日の大半を過ごすのは家になりますね。

その家が心安らぐ場所であるのと、冷たい空気が漂っているのとでは、その後の人生は大きく変わってきます。

それは、天国と地獄ほどの違いといってもいいでしょう。

さあ、「いま」「すぐ」に、土台づくりを始めてください。

繰り返しますが、禅の根本は、「実践」にあるのです。

4章

人間関係が驚くほどラクになるヒント

いい縁の結び方、悪い縁の切り方

「縁」を大切にする

その人に出会えたのは〝偶然〟じゃない

私たちが人生を終えるまでに出会う人は何人くらいいるのでしょうか。

もちろん、それは千差万別。家庭、教育、地域、仕事……など自分を取り巻くあらゆる環境によって違ってくるものだと思います。

いずれにしても出会う人の人数はかなり限定的なものでしょう。全世界の人口は約七七億人といわれますから、仮に出会い率というようなものがあったら、そのパーセンテージはごく小さいものになるはずです。

七七億人もいる人の中で誰かと出会う。それはほとんど「奇跡」といっていい出来事なのです。

みなさんは出会いを「奇跡」としてとらえたことはありますか？ 出会ったことを偶然のように思っている、という人も多いのではないでしょうか。

しかし、**「誰かと出会う」ということは、そこに「縁が働いている」ということ**です。仏教ではこの「縁」ということ、「因縁」ということを、非常に重要なものと考えています。自分の人生で行き交う大勢の人たちの中で、特別な人だけと縁は結ばれます。それは、原因と縁がそろっていたからです。

たとえば、春になるとさまざまな花が開きます。ただし、同じ木でも花がすべて同時に開くわけではありません。大きくふくらんでいた蕾《つぼみ》だけが、あたたかい春風のおとずれによって花開くのです。

春風はどの蕾にも同じように吹くのに、まだ固い蕾はそれによって咲くことができない。春風が吹きすぎるまま見送っているしかないのです。

開花という結果を生み出すには、蕾がふくらむことによって原因を整え、やってきた春風という縁をつかまえて、結びつくことが必要なのです。

あらゆるものがこの因縁によって生じている、この世に存在しているとするのが、仏教の根本的な考え方です。

人との出会いも、そういうふうにとらえると、たまたまや偶然などではなく、仏様がくださった奇跡的な必然の結果だという気がしてきませんか？

そうだとすれば、どんな出会いも蔑ろになんてできません。その人とご縁をいただいたことを、感謝の心で受け止めるべきでしょう。

「我逢人《がほうじん》（我、人と逢うなり）」という禅語があります。

すべてのものごとは「出会う（出逢う）」ことから始まる。だから人と会うことや、人と会う場、人と出会う姿を大切にしなさい、といった意味です。

また、禅とは深い関係にある「茶の湯」には、「一期《いちご》一会《いちえ》」という言葉があります。有名な言葉ですね。いまあなたと会っているこのときは、再び訪れることのない、かけがえのないたった一度きりの時間なのだ、そのことをしっかり心に刻み、相手とともにそのときを過ごしなさい、というのがその意味です。

こんな姿勢でいたら、どんな出会いも大切にすることになり、相手に対する感謝の思いも自然に湧き上がってくると思います。

「この人と出会ってほんとうによかったな」

「この人と出会えてほんとうにありがたいな」

その心で、出会った人との絆《きずな》を、もっともっと、深めましょう。

「いい縁」を結ぶ

〝良縁スパイラル〟のつくり方

あなたは、「いい縁」を結んでいますか？
「悪い縁」を結んでしまっていませんか？

私たちは、誰もが汚れのない美しい、磨き抜かれた鏡のような心を持って生まれてきます。前述した、仏教でいう**「一切衆生《いっさいしゅじょう》、悉《ことごと》く仏性《ぶっしょう》有《あ》り」**、この世のあらゆるものには仏性がある、という意味のこの言葉はそのことをいっています。実際、生まれたばかりの赤ちゃんには我欲もなければ、執着心も、妄想もありません。

しかし、さまざまな環境に身を置き、いろいろな人とかかわりを持ち、多くの経験をしていく中で、心にも曇りが生じていくわけです。人とのかかわり方は心に大きな影響を与えています。

人と人とは「縁」によって結ばれます。

いったんよい縁を結ぶと、それが次のよい縁につながり、さらによい縁を呼び込んでいきます。

たとえば、ある人とよい縁が結ばれると、その人の紹介ですばらしい人との出会いがあり、そこからまたさらに新たなよい縁をいただくことになります。

まさしく**「良縁の連鎖」**が起こるわけですが、自分にとって有益な、あるいは、自分を高めてくれるような「いい人脈」は、そのようにしてつくられていく、といっていいでしょう。

一方、最初に悪い縁を結んでしまうと、まったく逆のことが起こります。悪縁がどんどん連なっていく。まさしく**「悪縁の連鎖」**で、気がついたら、とんでもない人生を歩むことになっていたりする。いわゆる、絵に描いたような転落の人生です。

「良縁」を結ぶためには、ふだんから準備を整えておくことが必要です。

準備とはなにか？

なにごとにも一生懸命取り組むというのがそれです。あたりまえすぎると思うかもしれませんが、その姿勢を貫くのは並大抵のことではないのです。

人間は、元来、ラクなほうへと流れやすいものです。「ちょっとくらい手を抜いても……」といったん努力に背を向けると、あとは坂道を転げ落ちるように、あれもこれも手抜きをするようになっていくのです。

その結果、「あいつは、なにをやらせても、ちゃらんぽらんだからな」ということになります。

「ちゃらんぽらん」というレッテルが貼られている人に、自分の持っている貴重な人脈を紹介しようと考える人はいません。いくら求めても良縁は遠ざかり、避けようとしても悪縁が近づいてくることになる、といっていいでしょう。

そして悪縁に囲まれたら、心はますます曇っていき、安定を失い、不安や悩み、心配事で覆い尽くされてしまうのです。

「歩歩《ほほ》是道場《これどうじょう》」という禅語があります。

私の好きな言葉ですが、どこにいてもそこが「道場」であり、なにをしていてもそれが「修行」である、という意味です。

禅では「行住坐臥《ぎょうじゅうざが》」のすべてが修行ですから、坐禅をするのも、食事をするのも、掃除をするのも、顔を洗うのも、同じように丁寧に取り組まなければなりません。

仕事でいえば、重要な仕事、儲かる仕事だから全力で取り組むという一方で、つまらない仕事、実入りの少ない仕事だから適当に片づける、というのは許されない、ということ。それが悪縁を結んでしまう原因になる、ということです。

ある意味、とても怖ろしいことですね。

「いま」「そこ」にある仕事は、あなたが一生懸命にやるべき仕事です。その姿勢でいたら、おのずから良縁がもたらされます。誰もが軽んじるような仕事にもコツコツ取り組んでいる人間を、他人は見ています。

見ている人は間違いなく見ているのです。その結果、上司から、「次のプロジェクトには、ぜひ、スタッフに加わってくれ」という声がかかったりする。そうして、その上司との縁が深まり、良縁の連鎖が始まることになるのです。

先を譲る

「お先にどうぞ」は、最高の人間関係のコツ

私は庭園デザイナーとしての仕事で、しばしば外国に行きますが、「やはり、国によってお国柄というものは違うものだなぁ」という思いをいつも持ちます。

たとえば、中国では、車を運転しているのを見ていると、入ろうとする車に道を譲るということが、ほとんどありません。しかし、それでも入ろうと、強引に何度もチャレンジして、強引に入り込む。道路はさながら〝バトル〟の趣なのです。

それぞれがあくまで自分を主張する、という印象ですが、中国という国では、それがいちばん「理にかなった行動原理」であり、もっといえば、お国柄、文化に合った

生き方ということなのでしょう。

日本では、なにがなんでも自己主張を通す、とにかく自分が先に行く、ということに徹すると、仕事も人間関係もうまくいきません。

積極的といえば、たしかにそうなのですが、独りよがりの積極性は、周囲のサポートを得ることがむずかしくなります。

「どうせあいつは、なんでも自分が先頭に立たなきゃ気がすまないんだから、勝手にやってもらおうぜ」

ということになって、いざ、なにか協力が必要な状況になっても、そっぽを向かれてしまうのです。

私は、**「お先にどうぞ」といえる二番手が、もっともよいポジションだ**、と思っています。前に出るのはひとまず措いて、自分を磨くこと、仕事なら知識や技術、ノウハウを身につけることに一生懸命になる。

力のある二番手なら、自分が動かなくても、いずれは周囲から前に押し出されることになります。これが最高の強みなのです。自分から先頭に立とうとする人とは違って、押し出された人は、足を引っ張られることがありません。

それどころか、なにかあれば、周囲は喜んで手を貸してくれる。**気がついたら、統率力のあるリーダーになっているのが、「お先にどうぞ」の二番手なのです。**

仕事を離れた人間関係でも、「お先にどうぞ」の精神が周囲を明るく、幸せにします。電車の空いた席に同時に座ろうとして、お互い譲らなければ、空気はどこか険悪なものになります。しかし、「お先にどうぞ」と譲ってあげたら、「ありがとうございます」と笑顔で感謝の言葉が返ってくる。

仲間や友人たちとの食事会、飲み会でも、われ先にと料理に手をつけるのではなく、「お先にどうぞ」としていたら、必ず、「あの人、ほんとにいい人だったな」という定評が高まるはずです。

譲られて気持ちがいいと感じない人はいませんし、先を争わないこちらに気持ちの余裕を感じもする。余裕を持って生きている印象を持たれるなんて、かっこよくて、おしゃれじゃないですか。

「**和顔愛語**《わげんあいご》」という禅語があります。

「愛語」については3章でもお話ししましたが、実は「愛語」は「和顔」と対語になっています。この言葉が出てくるのは『大無量寿経《だいむりょうじゅきょう》』という経典。穏やかな笑顔と、思いやりのある言葉で人に接しなさい、という意味ですね。「無財の七施」にも**「和《わ》顔施《げんせ》」**と**「言辞施《ごんじせ》」**というものがあります。

前者は穏やかな笑顔で接すること、後者は思いやりのある言葉で語りかけることですから、「和顔愛語」を実践したら、「七施」のうちの二つの布施《ふせ》行《ぎょう》も同時に行なっていることになるのです。

「お先にどうぞ」の行動を続けていくことは、「和顔愛語」の実践そのものです。二つの布施行を、日々、〝行じて〟いるのですから、周囲が明るく、幸せになり、自分も心地よく生きていけるのは、当然すぎる結果だといってもいいでしょう。

人生は一日一日の積み重ねです。一日を心地よく生きることが、充実していい人生をつくっていくことにつながっています。

ぜひ、「お先にどうぞ」をあなたの行動規範にしてください。

「正論」を振りかざさない

大事なのは、「相手の顔も立てる」こと

思わぬところで人間関係をしくじっている、という人は多いものです。

どういうことか。

その前にお聞きしたいのですが、「Win-Win」という言葉を知っていますか?

ビジネスの世界ではもうすっかり定着していますが、仕事をするうえで「自分も勝って、相手も勝つ」、つまり、お互いにメリットがある関係や状態のことです。

いつ頃からこの言葉が使われるようになったのかは定かではありませんが、『7つの習慣』などの著作がある米国の世界的に有名な経営コンサルタント、スティーブ

ン・R・コヴィーの考え方から出てきたもののようです。

日本的にいえば、**「相手の顔も立てる」**ということになるのだと思いますが、この姿勢は、ビジネスだけでなく人間関係でも忘れてはいけないものといえるでしょう。

つねに自分の正しさをいいつのって、相手の言葉にはいっさい耳を傾けない、という態度で接したら、遠からず、その人間関係はギクシャクしたものになり、いずれは破綻《はたん》に向かいます。

「それは違う。わかっていないな。こういうことなんだよ！」

こんなふうに、「正論はわがほうにあり」と信じて疑わず、一方的に意見を押しつける人間とは、誰だっておつきあいするのは願い下げにしたいものです。

正論をいうとき、その人の目線は、必ず相手より高くなっています。そういう関係性の中では、言葉は通じ合わないし、信頼も生まれません。

ところが、案外、こんなタイプは少なくないのです。

自分を振り返ってみて、「そういわれてみると、けっこう、いつも自分の意見や主張ばかり通そうとしているな」と感じる人は、反省の要あり、です。思わぬところで人間関係をしくじって、いずれ深く悔やむなんてことになりかねません。

誰でも、自分のいっていることには、少なからず、自信を持っていますし、正しいとも思っています。たとえ、自分の考えや意見と違っていても、いきり立って真っ向から排除するのは、少々、大人としての見識に欠けます。

どんな考え方も、意見もあっていいのだ、と受け止めてこそ、相手に「度量」を感じさせるというものです。いったん受け止めたうえで、淡々と持論を展開する。そうすれば、相手の顔も立つわけですし、必要以上の軋轢《あつれき》が生まれることもありません。

この世に完全無欠の考えというものも、意見というものもありません。さまざまな考えや意見があります。

相手の考えや意見を受け止めることで、自分の考えのいたらなさに気づかされたり、間違いに思いいたったりすることは、いくらでもあると思うのです。

「相手の顔も立てる」ということは、なにも、自分の立ち位置を明け渡すことでもなく、自分を曲げることでもありません。

それどころか、**「相手の顔も立てる」というのは、自分の考えを広げたり、深めた**

りするために有効なヒントを求めることであり、また人間関係を円滑にし、仕事で結果を出したり、自分自身を成長させたりするための知恵でもあるのです。

相手だって、顔を立てられたら、こちらの意見を聞く姿勢も真摯なものになるでしょうし、本音で語ろうという気持ちにもなる。お互いが、お互いから、なにかを得るという、いい雰囲気が生まれます。人間関係が以前にもまして、すばらしいものになっていくことは、いうまでもありませんね。

相手をとことんやり込めたあとに待っているのは、「むなしい征服感」です。

それを望むのか、そうではなく、相手の顔も立てて、切磋琢磨の関係につなげていくか。もう、答えは出ていますよね。

毎日一〇分、自然に触れる

ふと、心が解き放たれる瞬間

「とにかく、やることばかり多くて……。スケジュールをこなすだけで、あっという間に一日が過ぎていく」

現代人の生活は「超」の字がつくほどテンポが速くなっています。そして、起きている時間のほとんどを「頭を使う」ことに費やしている。「感性」や「感覚」を刺激することが圧倒的に減っているという気がするのです。

人と人との結びつきで大切なのは、知識や教養ではなく、感性や感覚です。いま、人間関係がギスギスしたり、希薄になったりしている原因は、そうした時間の過ごし方によって、人々の感性、感覚が鈍くなっているというところにもあるのではないでしょうか。

脳科学の専門家ではありませんが、私は、感性や感覚を働かせるには、思考する脳を休ませることが必要なのだと思っています。実際に、**考えることをいったんやめると、脳の神経伝達物質であるセロトニンの分泌が活性化される**そうです。

そのことによって、気持ちが落ち着き、心が穏やかになって、感性、感覚が豊かになる。坐禅をすると、まさしくそれが実感されます。しかし、一般的には一日一度、坐禅をするというのはむずかしいかもしれませんね。

そこでおすすめしたいのが、**「自然を感じる時間を持つ」**ということです。

「そうはいっても、都会で生活していると、なかなか自然を満喫というわけにはいかない……」

たしかにそうかもしれません。家を一歩出れば自然が広がっているという環境は、都会にはそうそうあるわけではないでしょう。しかし、**「小さな自然」を感じることなら必ずできます。**

朝、窓を開けてマンションのベランダに出たら、小鳥のさえずりや風の音が聞こえませんか？　近くの公園に出かけたら、四季折々にいろいろな花を咲かせる木々や草花が見つかりませんか？　夜、窓からときの移り変わりを現じて、さまざまにかたちを変える月が見えませんか？

長い時間でなくていいのです。許す範囲でしばし、自然を感じながら「ぼ〜っ」としている。豊かな感性や感覚を取り戻すには、そんな「無為の時間」を少し持つことで十分です。

こんな禅語があります。

「花に逢えば花を打《た》し、月に逢えば月を打す」

花に逢ったときはその花をしみじみと味わい、月に逢ったらその月を感じるままに味わう、というのがその意味です。

つまり、**余計なことは考えず、心を空っぽにして、体も心も自然に委ねなさい**、ということですね。

朝は忙しいし、近くに公園も見当たらない、夜、月を見る暇などない……というのであれば、仕事の合間に一〇分でも一五分でもいいですから、ビルの屋上から夕日を眺める、眼下に広がる公園の緑を目に映すというのはいかがでしょうか。

「夕日が沈むのが一日ごとに早くなってきたな」

「おっ、公園の銀杏《いちょう》がそろそろ色づき始めたぞ」

ふっとそんな思いが湧くのは自然と一体になっているから。そうして感性や感覚を少しずつ豊かにしていくと、人間関係の煩わしさや悩ましさから、きっと、心が解放されます。


さあ、頭ばかり使っていないで、感性や感覚を磨きましょう。

「また会いたい」と思わせる

禅に学ぶ、人間的魅力の育て方

人づきあいには大事な原則があります。キーワードは「恕《じょ》」です。見たことも、聞いたこともない言葉かもしれませんが、どうも人間関係がうまくいかない、人とつきあうのが不得手だ、と感じている人は決して少なくはないはずです。しかし、仕事も社会的なかかわりも、人とのつきあいなしには成立しません。

たとえば、仕事の局面でも、「ああ、取引先のあの人と会うのはしんどいな」と考えていては交渉も商談もスムーズに進むわけがありません。社会生活も、「人間関係が煩わしくて、町内会の会合に出ると思うと憂うつになる」というのでは、自分が暮らしている地域の中で生活を楽しむことはできません。

人づきあいが苦手だということには、そんなデメリットがあります。また、苦手意識は精神的なストレスを生むことにもなるでしょう。

「そうはいっても、苦手なものはどうしようもないのでは？」

そう考えていますか？

しかし、そこから脱却するのはそれほどむずかしくない、と私は思っています。

そこで大事なのが、先に述べた「恕」です。恕は『論語』に出てくる言葉で、弟子の子貢《しこう》と、師である孔子との対話の中に出てきます。子貢が孔子に、一生守るべきもっとも大切なことはなにか、と尋ねると、師はこう答えます。

「それは『恕』であろう」

恕の意味は「許すこと」「思いやること」です。そして、孔子はさらにこう続けたのです。

「おのれの欲せざるところ、人に施《ほどこ》すことなかれ」

この言葉は知っている人も多いのではないでしょうか。自分がしてほしくないことは、人にしてはいけないということですね。

これが「恕」の精神。**人づきあいの原則も、また、この「恕」の精神にあります。自分がされていやだな、と感じたことは、人に対してしない。それを実践するだけで、人づきあいは確実に変わっていきます。**

「約束の時間に相手が遅れてきたのに腹が立った」

「あの人の、あの横柄な態度は感じが悪かったな」

「すぐに声を荒らげるから、こちらのいいたいこともいえない」

あなたがふだん感じている〝いやなこと〟はいくらもあるはずです。それを人に対してしないと決めたら、いい変化がたくさん起こります。

いつも約束を厳守していれば、相手は信頼感を持つでしょうし、丁寧な物腰で接することに努めていれば、相手は自分が大切にされていると感じます。穏やかな話しぶりは、親近感につながるでしょう。

信頼感、（大切にされていることの）満足感や幸福感、親近感……。それらが人づきあいにいい影響を与えることは、あらためていうまでもありませんね。苦手意識は必ず払拭されていくことになります。

さらに、もう一歩進んで、**人からされて嬉しかったこと、ありがたかったこと、幸せに感じたことを、相手にも積極的にする。**

たとえば、立ち寄った取引先の会社で、帰り際に丁寧なお辞儀で送り出してくれたのが心に残ったら、メールを出すといつもすぐに返信をくれるのがありがたいなら、商談中にお茶を入れ替えてくれたことをちょっと幸せに感じたなら……**それをそっくりそのまま自分の行動の流儀にすればいい**のです。

儒家の始祖に倣《なら》うのは恐れ多いことですが、いわば、

「おのれの欲するところを、人に施すことためらうなかれ」

という精神です。

それを実践するところには、間違いなく、人間的な魅力に溢れる姿があります。だれからも「おつきあいをしたい」と思われるあなたがいるのです。

過ちは「すぐ」に認める

言葉だけではなく、心も伝える努力を

あなたは、友人たちとこれまでどんな〝歴史〟を刻んできましたか？

つねに心が通い合ういい関係だったなぁ、という人はそれほど多くはないはずです。長いつきあいの中では、ちょっとした感情の行き違いや言葉の取り違いなどがあってあたりまえです。それで仲たがいをすることになったり、諍《いさか》いが起きたりすることも少なくないのではないでしょうか。

むしろ一度も喧嘩をしたことがない「親友」などいませんよね。肝心なのはその後の対応、〝事後処理〟です。これを間違えると、せっかく結ばれた絆もプツンと切れ

てしまいかねません。

「奇跡」の出会いがあって、「ご縁」ができたのに、ちょっとした対応のまずさで、それが壊れてしまうのは、いかにももったいない気がします。人生の彩りをひとつ失うことになる、といっても決して過言ではありません。

「過《あやま》ちてはすなわち、改《あらた》むるに憚《はばか》ることなかれ」

有名な『論語』の格言ですが、これを実践するのはなかなかむずかしい。たとえ原因が自分にあることに気づいていても、謝罪するのはどこか憚られるというところがあるものです。とくに仲がよければよいほど、「あいつに頭を下げるのはどうもな」といった思いにとらわれてしまうのではありませんか？

しかし、『論語』にはこうもあります。

「過ちて改めざる、これを過ちという」

過ちをおかして、謝罪をしないことが、過ちなのだ、ということですね。実際、なかなか謝罪できないでいるあいだに、関係はますますこじれ、修復できないところまでいってしまうということはよくあります。

謝罪の鉄則は、「すぐに」「直接」謝るということです。みなさんにも経験があると思いますが、なにごとも時間がたってしまうと、とりかかるのがむずかしくなります。

とくに謝罪はそうでしょう。

すぐに謝ってしまえば、関係修復など造作もないのに、時間がたつにつれてその困難度は増します。少し想像力を働かせて、相手の気持ちを推しはかってみれば、それはきわめて当然なのです。

「すぐに謝ってくれたら、こんなことなんでもないのに……」が、「あいつ、どうしちゃったのかな。俺を傷つけたのがわかっていないのかな……」となり、さらには、「もしかして、そういうやつだったのか。そんなやつじゃないと思っていたのに……」ということになる。そして、最終的には、「あいつはそういう人間なんだ！　つきあいもこれまでだな！」というところに帰結するのです。

直接会って謝るということも重要なポイントです。

「面授《めんじゅ》」という禅語があります。

大切な教えは、文章や言葉などでは伝えられず、師匠と弟子が直接、面と向き合って伝えるものだ、というのが本来の意味です。

謝罪にもこの教えがピタリとあてはまります。

いまはメールが必携品となり、メールでのやりとりが、コミュニケーションの主流のひとつになっているのかもしれません。しかし、自分の心からの気持ち、思いをきちんと相手に伝えるという〝機能〟は、残念ながらメールにはありません。

立場を逆にして、あなたが謝ってほしい場面を考えてください。相手から、「この前は悪かった」のメールが届いて、謝罪の心を受け取ることができますか？　まず、湧いてくるのは、「なんだ、メールかよ！」という思いではありませんか？

謝罪の気持ちに限らず、ほんとうの気持ちは、言葉だけでは伝わりません。感謝の気持ち、感動の気持ち、相手を思いやる気持ちは、直接会って伝えることが大切です。表情や声の調子、そのときのふるまいなどが一体となって、初めて伝わるからです。

やはり、相手と面と向かい合うしかありませんよね。

〝迷わず〟助けを求める

手を差し伸べてくれる人が必ずどこかにいる

「門《もん》を開《ひら》けば福寿多《ふくじゅおお》し」という禅語があります。

なにもかも包み隠さず、あからさまにしてしまえば、よいことがたくさんある、という意味です。

つらいことがあった。苦しいことがあった。自分には手に負えないトラブルが起きた……なにもかも自分で引き受けることはないのです。

苦しければ苦しいと、つらければつらいと、思いをあからさまにする。助けてほしいときは、一人で抱え込まずに助けを求めればいいのです。

日本人は慎み深く、忍耐強い民族です。

もちろん、それは誇るべきことですが、ときにその民族性が自分を苦しくすることもあるような気がするのです。

典型的なのが介護です。高齢化が進んでこれからますます介護が必要となるお年寄りが増えることは確実です。それにともなって介護にあたる家族の負担も大きなものになります。しかし、日本人は背負ってしまうんですね。

「親の介護なのだから、夫や妻の介護なのだから、自分がやらなければ……」

という思いから、しんどくても、辛くても、苦しくても、黙々と介護を続ける。その結果、高齢者が高齢者を介護する「老老介護」の現場などでは、どうにも背負いきれなくなって、介護者が被介護者に手をかけるといった、あまりにも無念な事件が起きてしまったりしています。

最大の問題が、介護環境が十分に整備されていないこと。つまり、その分野での政治の立ち後れにあることはいうまでもありませんが、そこに期待するだけではいつまでたっても出口が見えてこないような気もします。

また、仕事の場でも、耐え難いほどに苦しいことはあるのだと思います。過労死は、精魂込めて働きに働き、その結果、ついに耐えられなくなってのものでしょうし、パワハラや人間関係の摩擦が原因でうつ症状になってしまう、といったケースも、忍耐の限界を超えたということなのでしょう。

どうか、抱え込まないでください。迷わず助けを求めてください。心情を吐露するだけでも心が軽くなりますし、手を差し伸べてくれる人は、必ずどこかにいるはずです。

「苦しみを、ともに受け入れるとき、喜びとなる」

ノーベル平和賞を受けたマザー・テレサの言葉です。自分をまずあからさまにして、言葉にしたら、その声は、苦しさや辛さをともに受け入れてくれる人の耳にきっと届くのだと思います。そして、ともに受け入れることで、それらは喜びに変わるのです。

ためらうことはありません。

いま、あなたが誰かに話したいことは、どんなことですか？

聞き上手になる

人間関係は、〝持ちつ持たれつ〟でやっていくもの

「あいつは不平不満ばかりで、つきあってられないよ」

「彼女の愚痴を聞かされるのはもう、まっぴら！」

そういいたくなるような人は、どこにでもいるものです。

軽妙な会話にしろ、深い会話にしろ、お互いの言葉がキャッチボールのように、テンポよく行き交うのがコミュニケーションの醍醐味ですが、しかし、現代社会は仕事の場面でも、プライベートの場面でも、メールがコミュニケーションの主流のひとつになり、相手の顔が見えず、本来の対話の機会が失われ、いいたいことや不平不満を

どんどん内側にため込むことになっています。

ですから、あなたが誰かに愚痴を聞いてもらうことも、誰かの愚痴を聞いてあげることも、ときには必要でしょう。年がら年中では困りますが、**たまに愚痴のひとつもこぼしてストレス解消に努めるのは、現代人に必須の「生きる知恵」**かもしれませんね。

ところで、愚痴をいう側にとって、なによりありがたいのは、上手な「聞き役」です。あれこれ思いの丈を語っても、相手が、「なんだ、愚痴かよ」といわんばかりに、露骨にいやな顔をしたり、いかにも適当に聞き流しているという態度を見せたりしたのでは、憂さが晴れるどころか、かえってストレスが高じてしまいます。もしかしたら、自己嫌悪にだって陥らないともかぎりません。

聞き役として心得ておきたいのは、話の腰を折ったり、話の流れを止めたりしない配慮をしたうえで、相手のいっていることを確認したり、こちらの感想を交えたり、共感したり、という対応です。

「俺だってそこまでいわれたら、キレるかもしれないな」

「よくわかるよ。それは怒って当然だよ」

といった塩梅です。こちらがきちんと聞いていることが伝わったら、相手も愚痴のいい甲斐があるというものです。ストレス解消の効果も大です。

もちろん、そんなうまい聞き役のあなたには、相手も「返礼」を惜しむはずがありません。「今日くらいは自分も愚痴をこぼしたいな」というそのとき、徹底して聞き役に回ってくれるに決まっています。

持ちつ持たれつ、なんとかうまくやっていく。それこそが人間関係を円滑にする「知恵」であり「コツ」です。そうして、お互いが必要なときに愚痴をこぼせる間柄になれば、いい人間関係も深まっていきます。

こんな禅語があります。

「清風明月《せいふうめいげつ》を拂《はら》い、明月清風を拂う」

さわやかに吹く風と明るく輝く月は、それぞれに美しく、ときによって、お互いが主となったり客となったりしながら、一体となって美を高め合っている、という意味の言葉です。

人間関係にあてはめれば、**人はつきあっている人に生かされ、また、その人を生か**

している、ということ。誰かを生かしたり、誰かに生かされたりしている、と感じるのは、なにも熱っぽく実のある議論をしたり、高尚な対話をしたりしているときだけではありません。

むしろ、心ゆくまで愚痴を聞いてくれた、といったときにヒシヒシとその思いが湧いてくるものではないでしょうか。

前述したように、仏教には「無財の七施」といわれる、布施行の方法があります。そのひとつが「**心施**《しんせ》」です。

心施は人のために心を寄せることです。大切な時間を割いて、相手の愚痴に耳を傾ける。まさしく、相手に心を寄せている行為です。いかがですか、そんなところにも「布施行」の実践の場があるのです。布施行は重要な修行のひとつです。つまり、**愚痴を聞くことも心を磨くことになり、あなたの人間としての「度量」を広げることにつながっている**のです。

たとえば、会社の同僚。たまには愚痴のひとつも聞いてやって、自分もたまには愚痴のひとつを聞いてもらえばいい。大事な仲間ではないですか。

損得で判断しない

打算のない人間関係こそやがて輝く

人生にはいろいろな節目や岐路があります。

そんなときは迷ったり、悩んだり、不安になったりするものです。

そこではなにがしかの「選択」をすることになるわけです。選択に際しては「判断基準」といったものが必要になります。それは、当然、価値観ともつながっています。

たとえば、仕事を選ぶ際、その判断基準になるのは、ふつうに考えると、「その仕事が好き」「ずっとやりたいと思っていた」といったことだと思うのですが、この頃ではずいぶん様変わりしているようです。

給料がいい、福利厚生が充実している、休みがたくさんある、仕事がラク、かっこいい、オフィスがファッショナブルな街にある……といったことが、判断基準として幅をきかせているのです。

そんな傾向の背後に見え隠れするのは、**「損得」の「ものさし」**です。つまり、給料が高いほうが得、安かったら損、休みが多いのが得、少ないのは損、かっこいい仕事は得（たとえば、異性にモテるから）、かっこわるい仕事は損（モテないから）……ということでしょう。

そうした「損得」の「ものさし」は、人間関係にも入り込んでいます。人とつきあうときに損か得かを考えるのです。こんな調子です。

「たまたま知り合ったけれど、あの人○○社の部長なの？　うちの得意先じゃないか。これは絶対におつきあいを願わなきゃ。明日、さっそく連絡を入れてみよう」

「なんだ、下請けの人間じゃないか。じゃあ、つきあいもほどほどでいいだろう」

自分の仕事に役立つ、なにかいいことがある、と思えば積極的に人間関係を結ぼうとするのに、自分にたいして得にならないと考えたら、けんもほろろな対応をするわけですね。

もちろんビジネスは「きれいごと」だけではありませんし、どんな人でもそういった打算や思惑は少なからずあるでしょう。

しかし、**損得勘定を人間関係の「前提」にしてはいけない**と思うのです。

自分の得になるから、ということを最優先にして誰かに擦り寄ると、その結果は「哀れ」なものになります。ご機嫌を損ねてはいけないと思うから、つねに媚びて、へつらい、そして態度やふるまいも当然、卑屈になります。

これでは「人間関係」というより、はっきりいって上下関係、支配・被支配の関係でしょう。そして、そんな中で、心はどんどん疲れていきます。活力を失っていきます。輝きを失っていきます。自信を失っていきます。

禅にこんな言葉があります。

「至《し》道《どう》無《ぶ》難《なん》、唯《ただ》揀択《けんじゃく》を嫌《きら》う」

至道は悟りにいたる大道のこと。無難は、文字どおり、むずかしくないということです。揀択は思慮分別、選り好みという意味。唯嫌はそれだけを嫌うという意味です。

悟りにいたるには、たいへん厳しい修行をしなければならない、と考えられているようだが、そんなことはない。**悟りへの道は決してむずかしいものではない。しかし、たったひとつ、ものごとを分別によって判断したり、選り好みしたりすることだけはしてはいけない。**この禅語はそういうことをいっています。

「損得」の「ものさし」は、分別、選り好みの最たるものです。

それをすべての尺度にしているあいだは、ほんとうのいい人間関係など結べないのは当然です。いい人生を歩むことも、輝いていて幸せな生き方をすることもできないのです。

「放下《ほうげ》着《じゃく》」という禅語があります。

なにもかも捨ててしまえ、捨てて、捨てて、捨てきってしまえ、と教えています。

まず、捨てるべきは「損得」の「ものさし」、そうではありませんか?

「損得」のものさしを捨てれば、人生で大事なことがはっきりと見えてきます。

5章

「悩み方」を変えると、人生は好転する

お金、老い、病気、死……について

「お金」について

「もっと欲しい」と思うから苦しくなる

お釈迦様のこんな言葉があります。

「人間の欲望というものは、たとえヒマラヤの山をすべて黄金に変えたところで、満たされることはない」

人間の欲望はどこまでも果てしないものだ、ということですね。

その欲望が典型的にあらわれるのがお金です。

お金を追い求めると、それこそキリがない。なにか欲しいものがあって、それを手に入れるためにお金を貯める、というのが基本的なお金とのつきあい方だと思います。

しかし、いったんそれを手に入れると、もっといいものが欲しくなり、さらにお金を求めずにはいられなくなるのです。

そして、最終的には、とりたてて欲しいものがなくてもお金を追い求め続けるわけです。そこにあるのは、お金に縛られている姿、振り回されている姿です。なんと不自由な姿でしょうか。

本来、人生とは自分のやりたいこと、得意なことを一生懸命やって、社会になんらかの貢献をする。その結果としてなにがしかのお金が入ってくる、というものでしょう。

われわれはお金のために生きているのではありません。生きる目的はあくまで前段にあって、お金ではないはずです。それが逆転してしまったのでは、人生もむなしいものになると思うのです。

「少欲《しょうよく》知足《ちそく》」という言葉があります。文字どおり、欲を少なくして、足るを知るということです。お釈迦様のご臨終前の最後の教えとされる『仏遺教経《ぶつゆいぎょうきょう》』の中には、少欲知足についてこう書かれています。

「知足の人は地上に臥《ふ》すといえども、なお安楽なりとす。不知足の者は、天堂に処すといえども、また意《こころ》にかなわず。不知足の者は、富めりといえどもしかも貧し」

現代語訳すると、**「足ることを知っている人は、たとえ地べたに寝るような生活をしていても、心は安らかで、幸せを感じている。しかし、足ることを知らない者は、天上の宮殿のようなところに暮らしていても、満足ということを感じられない。足ることを知らない者は、どんなに裕福であっても、心はいかにも貧しい」**ということです。

実際、「もう十分だ。ありがたい」と思って生きていれば、たとえ住まいが粗末なものでも、食べものが質素であっても、心は豊かです。一方、「こんなものじゃ満足できない」という思いがつねにあったら、どんな豪邸に住もうが、贅沢三昧な食事を貪ろうが、心はカサカサに渇いていきます。

物にしても、ブランド品を買いあさり、どこまでいっても満足できない。新しいアイテムが出るたびに、「欲しい、欲しい」という思いに心がかき乱され、ときには犯罪行為にまで走ってしまう。こういう生き方は、ある意味で地獄です。

一方、ブランドなどに関係なく、自分の気に入ったものを買って、満足し、大切に使い続けたら、その物に対して愛着が湧くし、心がかき乱されることもないのです。

日本にもこんな格言があります。

「起きて半畳、寝て一畳、天下とっても二合半」

どんなに偉くなっても、起きているときは半畳分のスペースで十分、寝ているときでも一畳分あれば事足りる。天下人になったとしても、一回の食事で食べられるのは、せいぜい米二合半でしかない、ということですね。

人間とは、いってしまえば、それだけの存在なのです。

さあ、知足の者になるか、不知足の者になるか。

あなたは、どうでしょうか。

「年をとる」ことについて

◐「許せること」が増えていくのは、幸せなこと

「最近、ずいぶん体力が落ちた……」「昔と比べて気力がなくなってきたな……」

年を重ねるのは人生の年輪を増すこととはいえ、その年輪にどれほどの価値があるのかは定かではありません。とりわけ、仕事の第一線から離れ、定年を迎えると、心にぽっかり穴が開いたような感覚にとらわれることが多いようです。

その結果、なすこともなく、日がなぼんやりとテレビを観て過ごす、なんてことになったりします。

以前、そんな定年後の夫の姿を揶揄《やゆ》する「ぬれ落ち葉」なる言葉が流行ったことが

ありました。地に落ちた葉はしおれて、ぬれると何にでもくっついて離れない。現役時代とはうって変わってしょぼくれてしまい、妻にくっついてばかりいる元企業戦士は、まさにそのぬれ落ち葉だというわけです。

いかにも情けない。前にも述べましたが、仕事に定年はあっても人生に定年などないのです。「俺も年とっちゃったなぁ……」ではなく、ここは、「老いの魅力を見せつけてやるぞ！」と意気高く生きてみませんか？

人生を長くやっていれば、若い世代とは比べものにならない経験の豊かさがあります。さまざまな場面に遭遇しているはずですし、ときには修羅場をくぐり抜けたということもあるでしょう。

その一つひとつの経験が心を鍛え、おおらかな心をつくっていくのです。**血気盛んな時期には許せなかったことも、「まぁ、そういうことがあってもいい」と思えるようになる。受け入れがたかった考え方も、「なるほど、そういう考え方もあるな」と受け止められるようになる。**そのおおらかな心こそ、経験を積まなければ醸成されない、老いの最大の魅力といえるのではないでしょうか。

こんな禅語があります。

「老倒疎慵《ろうとうそようぶ》無事《じ》の日、安眠高臥《あんみんこうが》して青山《せいざん》に対す」

中国南宋時代に成立した禅宗の灯史『五灯会元《ごとうえげん》』に収められている言葉です。

その意味は、**いまはすっかり老いぼれて、もの憂くなってしまった。浮き世のことには、なんの執着も未練もない。とらわれることも、こだわるものもなく、寝転びながら、こうして山々の緑を眺めているのが、なによりの楽しみだ、と。**

これがまさしく、おおらかな心のきわみでしょう。**なくしてしまった若さに思いを馳せるから、あせりや不安が生まれるのです。**じたばたしたってしかたがない。老いをそのままに受け止めて、ゆったりと構えていればいいのです。

作家の田辺聖子さんがこんなことをいっています。

「人間に対する知識が深まってくるというのは、老いの楽しみでなくてなんだというのだろう」

積み重ねた経験をもって、深まってくる知識をもって、楽しみながら若い世代を眺める。そんな心持ちでおおらかに生きましょうよ。

「老い」について

身だしなみ、姿勢、呼吸……禅の教え

私はよく、**「老い、というのは淡々と受け止めることが大事だ」**といっています。

しかし、老いを淡々と受け止める、といっても、気配りをしてほしいことがないわけではありません。

身だしなみもそのひとつ。家で時間を過ごすのが大半だからといって、ジャージを〝一張羅〟にしているような人がいます。なかにはそれがパジャマ代わりでもあり、近くのコンビニに出かけるときの外出着でもある、といったケースもあるのではないでしょうか。

身だしなみは心にも影響します。こざっぱりと身だしなみを整えれば、姿勢もシャキッとしてきます。姿勢が整えば、胸も広がって呼吸が深くなり、心にもハリが生まれるのです。

もうひとつ、年を重ねたからこそもってほしいのが「ユーモア精神」です。ユーモアはその場を和ませますし、明るくもします。人間関係の潤滑油にもなります。「調身、調息、調心」については、3章でお話ししましたね。

話の中にユーモアを織り交ぜるには、頭が柔軟でなければなりません。そのときどきの情報にも通じている必要がありますし、みずみずしい感性を持ち合わせていることも大事でしょう。

考えてみると、そのいずれも、老いを楽しむための重要な要素だといえるのではないでしょうか。

紀伊國屋書店の創業者であり、すぐれたエッセイストでもあった田辺茂一さんは、きっての〝粋人〟としても知られた人ですが、ユーモア溢れる数々のエピソードが伝えられています。

バーで飲んでいた田辺さんの前に落語家の立川談志さんがあらわれた。見れば小脇に本を抱えている。「いま、社長のとこ（紀伊國屋書店）に寄ってきたんだ」といった談志さんに、間髪を入れずに、田辺さんはこうひと言いったそうです。「おお、それぞ、男子（談志）の本懐（本買い）だ」。

細部までこの通りだったかどうかはわかりませんが、洒脱なユーモアとはこういうのをいうのでしょう。その談志師匠にもこんな話があります。

若かりし頃、同じ落語家の三遊亭円楽師匠（先代）と海に出かけた談志師匠。ふと見ると、沖まで行っていた円楽師匠が溺れかけている。これは一大事。ところが、談志師匠は助けにいくどころか、その場に悠然と座って円楽師匠が溺れる様を見ていたそうです。

ほかに助ける人がいて、事なきを得た円楽師匠は、当然のことながら、「おまえ、どうして助けにこねぇんだ！」と、談志師匠をなじりました。すると、談志師匠は平然と、「談志と円楽の二人が死んだら、落語界は終わっちまう。俺だけでも生きてりゃ、なんとかなる」と、いってのけたそうです。

こちらも細部には自信がありませんが、事実、このようなことがあったようです。

こちらはきわめつけのブラックユーモアというところでしょうか。

どちらもその場の光景を思い浮かべると、「ふっ」と口元がゆるんで、笑顔になりそうな気がしませんか？　空気が和むと思いませんか？

ユーモアの効果には、ただならぬものがあるのです。

繰り返しになりますが、禅の本質は「実践」にあります。「オヤジギャグ！」なんて〝嘲笑〟されるのを恐れず、どしどしユーモアを繰り出してください。

「恋愛」について

恋愛も〝腹八分目〟がちょうどいい

恋愛について、なにごとかを語るのは、気恥ずかしい気持ちがするのですが、〝勇を鼓《こ》して〟考えていることを、少々、お話ししてみましょう。

恋愛で心得ておかなければならないのは、「腹八分目」ということだと思います。

なにやら禅問答めきますが、腹八分目とはこういう意味です。

「相手に完璧を求めないこと」

恋愛の渦中にいると、どうしても自分と相手を重ね合わせようとします。

自分のことを一〇〇パーセントわかってほしい、相手のことを一〇〇パーセント理解したい、と思うわけですね。しかし、生まれたところも、育った環境も、受けた教育も、かかわってきた人間関係も……なにもかもが違う人間同士が、すべてをわかり合う、すべてを理解し合うというのは、どだい無理な話です。

違っていてあたりまえ。その感覚を忘れてはいけないと思うのです。**お互いの理解度八〇パーセント、つまり、腹八分目で「よし」とするのが恋愛をうまく進める、よいさじ加減といえるのではないでしょうか。**

むしろ、八〇パーセントも相手を理解できたなら、これ以上ないほどのよい相性だといえるかもしれません。

相手の中に〝不可思議な領域〟が二〇パーセントある。であるからこそ、相手への興味（愛情）が尽きないということにもなるのです。

一〇〇パーセントの相互理解などあり得ませんし、仮にあったとしたら、出会った当初、相手に感じていた新鮮な魅力も、かえって色褪せていくだけなのではないでしょうか。

一方、相手を五〇パーセント程度しか理解できないという場合は、恋愛、さらに結婚はむずかしいと考えたほうがいいと思います。「ずいぶん自分と違うな」と感じるのは、価値観が違っているということです。

恋愛が始まるときは、往々にして、「見た目」が大きな要素になるという面があるのでしょう。「かっこいい」「綺麗だ」「可愛い」「すてき」……ということから相手を好きになることが多いのではありませんか？

もちろん、それがきっかけであってもかまわないのですが、**つきあっていくうちに価値観の違いに気づいたら、一歩立ち止まるのがいい**と思います。最初の印象だけで結婚すると、価値観の違いが亀裂の引き金にもなりかねないからです。

たとえば、お金の使い方にしても、一方は堅実に貯金をしながら慎重に使うというタイプなのに、他方は入ったお金はパッと豪快に使ってしまう、いわば「宵越しの銭は持たない」というタイプだったらどうでしょう。

最初のうちはお互いに苦々しく思いながらも、我慢をするかもしれませんが、そうそう忍耐が続くわけはありません。遠からず、衝突することになって、破綻に向かうのは必然といってもいいでしょう。

時間についても同じです。休日はゆっくりと好きな音楽を聴いたり、本を読んだりして過ごしたい、という価値観を持っている人と、プライベートな時間はとにかく外に出かけて、買い物やら食事やらをしたい、と思っている人とが一緒に暮らせば、お互いに不満がたまっていくのは目に見えています。

食事の好みにしても、一方はカロリーたっぷりの脂っこいものが大好きで、他方はあっさり、さっぱりした和食が好みというのでは、ともに食事を楽しむということができなくなりそうです。

「恋愛は美しき誤解であり、結婚は残酷な理解だ」

という言葉もあります。恋愛中から八〇パーセントの〝腹八分目〟を心得ておけば、この箴言もくつがえせますね。

「夫婦」について

「感謝」の言葉が、いい関係をつくる

結婚生活が長く続くと、夫婦間の会話もしだいに少なくなっていく、というところがあるようです。お互いに「空気」みたいな存在になるから、とりたててコミュニケーションなどとる必要もない、ということなのかもしれません。かつていわれたように、夫の家庭内会話が、「風呂」「メシ」「寝る」の三語ではいかにも寂しい。夫婦間に吹く〝すきま風〟の音が聞こえてきます。

もっとも、妻側のこんな声もあります。

「うちはよく話をするのだけれど、とにかく愚痴が多い。上司がどうだとか、得意先

がこうだとか……。いっているほうはストレス解消になっても、いつも、いつも、そんな話を聞かされるんじゃあ、たまったものじゃないわ！

それも一理あるとは思います。妻側としては「亭主元気で留守がいい」というのが本音なのかもしれません。

しかし、ちょっと考えてみてください。愚痴をこぼす相手になっているというのは、どういうことなのかを。夫も、誰彼かまわず愚痴をこぼせるわけではありません。たとえば、会社で愚痴がこぼせますか？

まあ、そんな人がいないとはいいきれませんが、社内評価は急降下するでしょう。おそらくは、「もう、聞いてらんないよ。そんなにいやなら辞めたらどう？」といったことになる。いいたいことは山ほどあっても、グッとこらえて耐えているのが、家庭外の夫の一般的な姿なのです。

愚痴がこぼせるのは、相手に対して信頼感があるからです。この相手なら心を〝裸〟にしても大丈夫、安心だということの表明といってもいいのです。

愚痴の後ろに隠れているのは、「あなたのことを心から信頼しているよ」という、切々たる思いです。そうだとしたら、受け止め方が違ってきませんか？

「露」という禅語があります。すべてがむき出しになっていて、どこにも隠すところがない、というのがその意味。禅と深くかかわっているのが「茶の湯」ですが、茶室に続く庭のことを**「露地」**といいます。

露地は心を裸にするために設えられています。茶室に向かう人は、その露地を歩きながら、心を裸にする。ふだんは誰もが武士、文人、商人……といった社会的な身分や地位の中で生きているわけですから、それぞれにふさわしい鎧《よろい》を心にまとわざるを得ません。

露地の意味は、**「どうぞ、そんな自分にまとわりついているものはうち捨ててください」**というところにあるのです。

まとわりついているものを捨て去って、露わな裸の心になって、茶室という仏国土に入り、身分や地位の垣根を越えて心を通わせる——。それが茶聖・千利休が考えた「茶の湯」の世界でした。

「茶の湯」とはずいぶん趣が違いますが、**愚痴は露わな裸の心がいわせる、相手への**

信頼がいわせる、包み隠すことのない思いの迸《ほとばし》りなのです。「また始まった！」では気の毒というものです。

ただし、愚痴っているのは信頼があるからだ、ということを無言のうちに〝読み取れ〟というのは、少々、虫のよい話かもしれませんね。ふだんから相手に対する信頼感は伝えておくべきです。

帰宅しても、仏頂面をして、なにもいわないから、妻側も寝そべってテレビを観ながら迎えるということになってしまう。「ただいま！」と大きな声で帰宅を伝えたら、玄関まで迎えに出て、「お帰りなさい。きょうもお疲れ様」となるはずなのです。

禅は行動です。思っているだけではなく、ふだんから信頼感が伝わるような行動を心がけることが大切です。

食事を出してくれたり、お茶をいれてくれたりしたら、「ありがとう」とひとこと感謝の言葉をかけるのも、そんな行動のひとつ。少し大きな買い物をするときには、事前に相談するというのもそうですね。早速、心おきなく、思う存分、愚痴がいえる「環境づくり」を始めてください。

「親子」について

「過干渉」が心配のタネとなる

昔といまと比べて、親子関係はずいぶん変わりました。

もっとも大きな違いは、「手のかけ方」にあるのではないでしょうか。かつては子どもの数が多かったこともあり、また家庭が貧しかったこともあって、親は子どもにそれほど手をかけることができませんでした。

兄や姉が小さい弟や妹の世話を焼き、何くれとなく面倒をみる、ということも珍しいことではなかったのです。

子どもは親子の適度な距離感の中で自然に自立を果たしました。また、きょうだい関係の中でもまれながら長幼の序や弱い者への思いやりなどといった生きるうえでの大切な〝知恵〟を育んでいきました。

翻《ひるがえ》っていま、少子化が加速して子どもの数はめっきり減り、親は子どもに〝手をかけ放題〟といってもいいような状況になっています。

しかも、受験熱がそれに拍車をかけている。いい子にしていれば、勉強さえしていれば、あとはすべて親がやってくれる、といった関係は決して〝特殊〟なものではなくなっているという気がします。

自分で判断して行動できない、指示があるまで動こうとしない……。いまの若者について、しばしば指摘されるそうした傾向の根は、間違いなく、小さい頃のそんな親子関係にあるのだと思います。

驚くべき話があります。

神奈川県のある警察署で起きた〝椿事《ちんじ》〟です。その署に新しい署長が着任することとなり、署員一同で迎えたわけです。所轄署の署長には、いわゆるキャリアと呼ばれる警察官僚のエリートが就くのが一般的。そこで何年か経験を積んで、いずれは県警本部などに戻り、しかるべき要職に就くわけですから、年齢も三〇歳前後ということが少なくないようです。

さて、新任あいさつのそのとき。なんと前に立ったのはキャリアの母親だったというのです。「うちの息子がこのたび……」。本人を差し置いて、母親がマイクを握り、ひとしきり演説をぶったのですから、署員の反応は推して知るべし。唖然、呆然としたのは容易に想像のつくところです。

母親も母親ですが、息子も息子です。仮に母親が子離れできていなくて、〝同行〟を願ったとしても、通常の常識が備わっていたら、「なにを考えているんだ」とはねつけてしかるべきものでしょう。それをしないというのは、もう立派な大人、それも何十人、何百人もいる警察官の上に立とうとする人間のふるまいとは、到底、思えません。

もちろん、このケースが一般的だとまで強弁するつもりはありませんが、程度の違いこそあれ、似たようなことがさまざまなところで起きているのではないでしょうか。度を過ぎた過干渉が、子どもをスポイルする。その感は強くなるばかりです。

仏教では「貪《とん》」「瞋《じん》」「癡《ち》」を三毒といって、克服すべき代表的な煩悩《ぼんのう》だとしています。その意味は、順に「むさぼる心」「怒りの心」「愚かな心」です。

子どもに対する過干渉はまさしく毒――「癡」以外のなにものでもありません。

仏教にこんな言葉があります。

「これはわが子、わが財宝と考えて、愚かな者は苦しむ。己さえ己のものでないのに、どうして子と財宝とが己のものであろうか」

過干渉の背景には、子どもを〝わがもの〟と思う心があるのでしょう。早々にその愚かな心を断ちきったら、親子関係は清々しく、正しく、軽やかなものになります。

「死」について

「死ぬ」ことは、仏様にお任せすればいい

人生の晩年にさしかかると、「死」ということがいやでも現実味を帯びてきます。死を身近に感じるのは親が旅立った年齢を迎えたときでしょう。

それまでにも会社の関係者や友人、知人らの親世代の葬儀に参列することはあるはずですし、心からその死を悼む言葉をかけるのだと思いますが、死というものの実感が迫ってくるという感覚にはならないのではないでしょうか。

「いままで何度も葬儀に出て、お悔やみの言葉をかけてきましたが、遺族の気持ちをほんとうにわかってはいなかった。親を送ってみて初めて大切な人を失うってこうい

うことなんだ、というのがわかりました」

多くの人がそんな話をされます。親を送って死を実感し、その年齢が自分の人生にとってもひとつの指標になる。そんなふうに思います。私の祖父が亡くなった年齢になったとき、父がこういったのを覚えています。

「ああ、これからはおつりの人生だ」

父にとってもやはり、親が逝った年齢がひとつの指標のようになっていたのでしょう。その年齢までは一生懸命、がんばって生きよう、それを超えたら、残りはありがたい「おつり」をいただいたようなものだ、という感じを持っていたのだと思います。

自分が親の死の年齢に達したとき、「ああ、そろそろ人生の大晦日だな」という思いを誰もが持つのかもしれません。

道元禅師が著した『正法眼蔵』、そのとくに大切な箇所を、在家信者にもわかりやすいかたちで全五章三一節にまとめた『修証義《しゅしょうぎ》』というお経（書物）があります。その冒頭部分はこんな一文から始まっています。

「生を明らめ死を明らむるは仏家一大事の因縁なり」

仏教者として一番大事なことは、生きるとはどういうことかを明らかにし、さらに死の意味を明らかにして、それをどう受け止めるかだ、ということです。道元禅師は、また、こんな言葉も残しています。

「生きているときには生ききる。死ぬるときには死にきる」

禅はどうもややこしくていけない、という印象ですか？ しかし、そうむずかしいことではないのです。生きていて死を思うとき、人は不安になったり、恐れを抱いたりするものです。それは生が終わる、滅してしまうのが死だというとらえ方をしているからです。

「前後際断《ぜんごさいだん》」という禅語があります。

その一瞬一瞬が絶対であり、前も後ろもつながっていない、ということです。生も死もそれぞれに絶対なのです。生は死にいたる前の姿ではなく、死は生の後の姿としてあるわけではない。

生ききるとはその絶対の生をまっとうすること、ひたすら一生懸命に生きること。**死は自分ではどうすることもできませんから、仏様にお任せしていればいい。**生ききっていれば、おのずと絶対の死がやってくる。それが死にきっていることだ——。これが道元禅師のいわんとしたところだと思います。

生きているあいだは、生きることだけに専念する。

そこには死に対する不安も恐れもありません。

前述した宮崎奕保禅師は、一〇〇歳を過ぎても若い僧と修行を続け、一〇六歳の天寿をまっとうされました。その宮崎禅師はこうおっしゃっています。

「人間はいつ死んでもいいと思うのが、悟りやと思うておった。ところがそれは間違いやった。平気で生きていることが、悟りやった。平気で生きておることはむずかしい。死ぬときがきたら死んだらいいんや。平気で生きておれるときは、平気で生きておったらいいんや」

禅師のおっしゃる「平気で生きておること」が、まさしく「生ききっている姿」だと思います。

たしかに〝むずかしい〟ことには違いありませんが、めざすべきはその姿でしょう。その先には安らかな絶対の死があります。

「最期」について

あなたは、どんな「言葉」を遺すか?

あなたは、人生の最期を迎えるにあたって、なにか言葉を遺すとしたら、さあ、どんな言葉になるのでしょうか。

私の寺の檀家さんの一人は、亡くなるときに「万歳」のひと言を遺されました。すべてをやりきった人生、思いを残すことのない生涯だったことが、この短い言葉から十分にうかがわれます。

しかし、なかなかこうはいきません。江戸時代に生きた仙厓義梵《せんがいぎぼん》禅師の辞世の言葉は、「死にとうない」だったと伝えられています。奔放な生き方をした禅師として知

られ、美濃国の新任家老の悪政を皮肉って、

「よかろうと、思う家老は、悪かろう。もとの家老が、やはりよかろう」

といった狂歌を詠んだ人物ですから、辞世を額面どおりに受け取っていいものかどうか、なにか深い意味があったのではないか、という気もします。

禅僧は年のはじめに「遺偈《ゆいげ》」といって、自分の心境を漢詩のかたちで残すのが習いになっていました。現在ではその伝統も薄れてきてしまっていますが、年が変わるたびに記す遺偈が、いつかは最期の言葉、辞世にもなるということでしょう。

私の父も遺偈を記しています。

除草調清境　草を除き　清境《せいきょう》を調《ととの》え
是八十七年　これ八十七年
惟為建功尽　ただ建功《けんこう》の為に尽くす
信歩静安禅　信じて歩《ほ》すれば安禅静《あんぜんしずか》なり

なかに自分の名前である「信歩」と、みずからが住職を務めた建功寺の「建功」の字が織り込まれています。父がどんな思いで生きてきたかが偲《しの》ばれる遺偈です。

みなさんも、あらたまった年のはじめに、なにかそのときの思いを書くようにしたらいかがでしょうか。もちろん、死を意識したものである必要はありません。その年をどんな年にしたいか、どんなふうに生きたいか、といった抱負のようなものでもいいのです。そのときに胸に湧いた雑感でもいいのです。

あるいは、毎年一二月一二日に京都の清水寺で発表される「今年の漢字」のように、年初にあたっての心境を象徴する漢字一文字を記すという手もあります。

それがいつになるかはわかりませんが、人間である限り死は誰にでも一〇〇パーセントおとずれます。そのとき、残された家族がもっとも知りたいのは、逝った大切な人の「思い」ではないでしょうか。

「ああ、こんなことを考えていたのか、こんなふうに思っていたのか」

亡くなった年の初めに故人が記した言葉から、思いの一端を知ることができたら、いっそう心を込めて送ることができる。そんな気がするのです。

あなたらしい〝遺偈〟を例年の習慣にしませんか？

（了）

本書は、小社より刊行した単行本を文庫化したものです。

枡野俊明（ますの・しゅんみょう）

1953年、神奈川県生まれ。曹洞宗徳雄山建功寺住職、庭園デザイナー、多摩美術大学環境デザイン学科教授。玉川大学農学部卒業後、大本山總持寺で修行。禅の思想と日本の伝統文化に根ざした「禅の庭」の創作活動を行ない、国内外から高い評価を得る。芸術選奨文部大臣新人賞を庭園デザイナーとして初受賞。ドイツ連邦共和国功労勲章功労十字小綬章を受章。また、2006年「ニューズウィーク」誌日本版にて「世界が尊敬する日本人100人」にも選出される。近年は執筆や講演活動も積極的に行なう。

主な著書に、『リーダーの禅語』（三笠書房）、『禅、シンプル生活のすすめ』『禅「心の大そうじ」』『小さな悟り』『上手な心の守り方』（以上、三笠書房《知的生きかた文庫》）などベストセラー・ロングセラーが多数ある。

知的生きかた文庫

心配事《しんぱいごと》の9割《わり》は起《お》こらない

著　者　枡野《ますの》俊　明《しゅんみょう》

発行者　押鐘太陽

発行所　株式会社三笠書房

〒一〇二-〇〇七二　東京都千代田区飯田橋三-三-一

電話〇三-五二二六-五七三四〈営業部〉

〇三-五二二六-五七三一〈編集部〉

http://www.mikasashobo.co.jp

印刷　誠宏印刷

製本　若林製本工場

ISBN978-4-8379-8611-9 C0130

C50375